Engelbert Thaler

15 Lernarrangements für Englisch

Der Autor

PROF. DR. ENGELBERT THALER hat den Lehrstuhl für Didaktik des Englischen an der Universität Augsburg inne. Nach 20-jähriger Tätigkeit als Gymnasiallehrer für Englisch und Sozialkunde promovierte und habilitierte er sich an der Ludwig-Maximilians-Universität München über offene Lernarrangements im Fremdsprachenunterricht.

Seine Publikationen befassen sich neben unterrichtsmethodologischen Fragen mit literaturdidaktischen Themen (*Teaching English Literature, Shakespeare*), mediendidaktischen Zugängen (Musikvideoclips, Web 2.0, *Film Based Language Learning*) und kulturkundlichen Aspekten (Fußball, *Popular Culture*). Thaler ist auch Herausgeber von Schulbüchern, Fachzeitschriften und Unterrichtsreihen.

Engelbert Thaler

15 Lernarrangements für Englisch

Balanced Teaching in der Praxis

www.cornelsen.de

Bibliografische Information: Die Deutsche Bibliothek verzeichnet diese Publikation in der Deutschen Nationalbibliografie; detaillierte bibliografische Daten sind im Internet über http://www.dnb.de abrufbar.

1. Auflage 2011
© 2011 Cornelsen Verlag Scriptor GmbH & Co. KG, Berlin
Das Werk und seine Teile sind urheberrechtlich geschützt. Jede Nutzung in anderen als den gesetzlich zugelassenen Fällen bedarf deshalb der vorherigen schriftlichen Einwilligung des Verlags. Hinweis zu §§ 46, 52 a UrhG: Weder das Werk noch seine Teile dürfen ohne eine solche Einwilligung eingescannt und in ein Netzwerk gestellt oder sonst öffentlich zugänglich gemacht werden.
Dies gilt auch für Intranets von Schulen und sonstigen Bildungseinrichtungen.
Projektleitung: Gabriele Teubner-Nicolai, Berlin
Redaktion: DAS LEKTORAT Monika Kopyczinski, Berlin
Herstellung: Brigitte Bredow, Berlin, Regina Meiser, Berlin
Satz/Layout: Markus Schmitz, Büro für typographische Dienstleistungen, Altenberge
Umschlaggestaltung: Magdalene Krumbeck, Wuppertal
Umschlagfoto: © Shutterstock.com
Illustrationen: Stefanie Koerner, Hamburg (pheist.net)
Druck und Bindung: CPI – Clausen & Bosse, Leck
Printed in Germany
ISBN 978-3-589-23245-1

Inhalt gedruckt auf säurefreiem Papier,
umweltschonend hergestellt aus chlorfrei gebleichten Faserstoffen.

Inhalt

Vorwort

Der vorliegende Band versteht sich als Weiterführung von *Lernerfolg durch Balanced Teaching* (2010). Eine norditalienische Stadt mit vier Buchstaben und die Bewegung Offener Unterricht hatten ja den tradierten Frontalunterricht in die Zange genommen und eine Modernisierung der Unterrichtsmethodik gefordert.

Von offenen Lernarrangements erhofft man sich besseren und motivierenderen Unterricht. Deshalb wurden im ersten Band die folgenden 15 offenen Methoden dargestellt und bewertet.

Lernerfolg durch *Balanced Teaching* (2010)	
Typen	**Beispiele von Lernarrangements**
Aufgabenorientierte Methoden	1 *Task Based Language Learning* 2 Projektunterricht 3 Freiarbeit 4 Planarbeit 5 Stationenlernen 6 *Storyline* 7 *Participatory Approach*
Spielorientierte Formen	8 Lernspiele 9 Szenisches Spielen 10 Simulationen
Medienorientierte Ansätze	11 *Music Based Language Learning* 12 *Film Based Language Learning* 13 *Internet Based Language Learning* 14 *Self-Access Language Learning* 15 *Dogme Approach*

Der weite Begriff **Lernarrangement** umfasst dabei Konzepte, Techniken und Verfahren. Damit kann eine große Bandbreite unterschiedlicher methodischer Abstraktionsgrade aufgenommen und der Blick auch auf Formen auf der mittleren und unteren Ebene des Unterrichts gelenkt werden – die in den bislang vorliegenden Veröffentlichungen mitunter höflich umgangen werden. So findet man in diesem Band beispielsweise neben methodischen Großformen wie *Cooperative Language Learning* oder *Com-*

munity Language Learning auch Tipps für die motivierende Gestaltung von Einstiegen, Ausstiegen – oder wie man auf *surprises*, also unvorhergesehene Ereignisse, reagieren kann.

Die einzelnen Lernarrangements werden jeweils anhand von sechs **Kategorien** dargestellt:

- Die Kategorie **Hintergrund** bettet den Ansatz in den Entstehungskontext ein, was zu einem besseren Verständnis des jeweiligen Arrangements beitragen soll.
- Die Kategorie **Begriff** berücksichtigt die Tatsache, dass es eine Vielzahl von Varianten oder verwandten Begriffen gibt.
- Mit der Kategorie **Ziele** wird der theoretische Anspruch des jeweiligen Lernarrangements beleuchtet.
- Die Kategorie **Unterrichtsgestaltung** bezieht sich auf die konkrete Organisation des Unterrichts, schließt Kriterien wie Phasen, Aufgabentypen, Medien, Materialien, Sozialformen ein und bildet den zentralen Teil der Darstellung.
- Mit der Kategorie **Ergebnisse** soll versucht werden, einen Überblick über die vorhandenen quantitativen und qualitativen Forschungen und Erprobungen im Unterricht zu geben. Dies scheint umso notwendiger, als die vorliegenden Veröffentlichungen dies stark vernachlässigen. An Darstellungen einer Methode auf der theoretischen Ebene besteht meist kein Mangel, aber Beschreibungen der tatsächlichen Umsetzung im Unterricht sind dünn gesät.
- Die letzte Kategorie, **Beurteilung**, soll eine persönliche Bewertung des Lernarrangements im Lichte von Offenheit und Geschlossenheit geben.

Offener Englischunterricht ist aber nicht *per se* gut – genau so wenig, wie geschlossener Unterricht *per se* schlecht ist. *Wer alles offen hat, kann nicht ganz dicht sein.* Offene Lernarrangements sind nur dann effektiv, wenn man gewisse Maßnahmen zur Schließung trifft. In den Gliederungspunkten 4 (Unterrichtsgestaltung) und 6 (Beurteilung) eines jeden Lernarrangements finden sich deshalb Hinweise dazu, wie man offenen Englischunterricht mit Planung, Lenkung und Struktur verbindet – damit er nicht nur Abwechslung bringt, sondern auch funktioniert. Als Ziel gilt ***Balanced Teaching***.

Fertigkeitsorientierte Lernarrangements

Die fertigkeitsorientierten Typen der offenen Lernarrangements beruhen auf den *basic skills*. Das immer noch zu wenig geförderte ***extensive reading*** (1) gehört zur Fertigkeit des Lesens, ***creative writing*** (2) zu der des Schreibens. Sprechen taucht gleich in dreierlei Varianten auf, was die momentanen Bemühungen um eine Intensivierung der Mündlichkeit widerspiegelt: als Variante eher monologisch angelegter ***oral presentations*** (3), multilogischer ***discussions*** (4) und spontansprachliches Handeln fördernde ***improvisations*** von Jürgen Kurtz (5). Die vierte Fertigkeit, das Hören, ist durch Stephen Krashens ***narrow listening*** (6) vertreten.

1 *Extensive Reading*

Man sollte sich vor Menschen hüten,
die nur ein Buch gelesen.

CASANOVA

Hintergrund

Das Plädoyer für mehr *extensive reading* in unseren Klassen entstammt teilweise der Sorge um die grundsätzliche Lese- und Schreibfähigkeit unserer Gesellschaft. Statistiken lassen auf eine hohe Zahl von Analphabeten schließen (KRASHEN 1993, ix). Wenn auch die Quote völliger Analphabeten im westlichen Kulturkreis nicht ganz so hoch ist wie bisweilen kolportiert, so ist funktionales Analphabetentum jedoch weit verbreitet. Viele Menschen *funktionales* können in bestimmten Bereichen nicht gut genug lesen und schreiben, um *Analphabetentum* den gewachsenen Anforderungen der modernen Schrift-Gesellschaft zu genügen. "The cure for this kind of literacy crisis lies ... in doing one activity, an activity that is all too often rare in the lives of many people: reading." (KRASHEN 1993, ix)

Forderungen nach mehr *extensive reading* müssen auch vor dem Hintergrund der Unzufriedenheit mit dem traditionellen Lese- und Literatur- *traditioneller* unterricht in den Schulen gesehen werden. In vielen Klassenzimmern do- *Leseunterricht* miniert intensives Lesen mit intensiver Analyse, gelenkt vom Lehrer. Die

gängige Praxis des Literaturunterrichts ... vollzieht sich dann häufig im traditionellen fragend-entwickelnden Schritt-für-Schritt-Verfahren, bei dem der Text allzu oft einseitig kognitiv analysiert und interpretiert wird. Der Lehrer bestimmt die Unterrichtsmethoden, das Lerntempo und die Sozialformen. Das Mitspracherecht der Schüler beschränkt sich bei diesen Verfahren auf ein Minimum.　　　　　　　　　　　　　　　　　　　　　*(ALTVATER 2000, 127)*

Die Dominanz des Lehrers setzt bei der Lektüreauswahl ein, detaillierte Interpretationen in Lehrerhandreichungen verführen ihn, die Analysegespräche in eine bestimmte Richtung zu lenken und alternative Zugänge unberücksichtigt zu lassen. Freude am Lesen kommt unter solchen Umständen bei den Schülerinnen und Schülern nicht unbedingt auf (THALER 2008).

Begriff

Der Terminus *extensive reading* wurde zum ersten Mal 1917 von PALMER (zit. nach KELLY 1969, 131) verwendet und meinte das schnelle Lesen mehrerer Bücher hintereinander. Im Gegensatz zu *intensive reading* sollte die Aufmerksamkeit der Leserschaft nicht auf der Sprache, sondern auf der Bedeutung des Textes liegen. KRASHEN (1993; 1994) bezeichnet diesen Ansatz als *free voluntary reading*. Daneben gebraucht KRASHEN gelegentlich auch die leicht frivol anmutende Bezeichnung *pleasure reading*, die die Abgrenzung zum *reading for information* betont. Ähnliche Konnotationen hat der in Deutschland gebräuchliche Name *fun reading* (HERMES 1984).

vier Lesestile Heute wird *extensive reading* als einer von vier Lesestilen identifiziert, wobei die anderen drei *intensive reading, skimming* und *scanning* sind. Diese formale Differenzierung basiert aber vorwiegend auf äußeren Kriterien wie Lesegeschwindigkeit, Ausmaß von wiederholendem Lesen, Überspringen von Text und wird der Tatsache nicht gerecht, dass *extensive reading* auch ein substanzieller *language teaching approach* sein kann.

Nicht bedeutungsgleich ist *extensive reading* mit *class readers*, z. B. Klassenlektüren, die von allen Schülerinnen und Schülern gleichzeitig gelesen werden müssen.

Grundsätzlich bezieht sich *extensive reading* auf das schnelle Lesen großer Mengen von Texten. Eine umfassende Definition von *extensive reading* als *approach* liefern DAY/BAMFORD (1998, 7 f.), indem sie zehn Merkmale erfolgreicher *extensive reading*-Programme anführen:

Lesemenge: so viel wie möglich (innerhalb und außerhalb des Klassenzimmers)

Lesematerial: Vielzahl verschiedener Lesematerialien mit großer thematischer Bandbreite (Befriedigung verschiedener Lesemotivationen)

Selektion: Auswahl durch Schülerinnen und Schüler (inkl. der Freiheit zum Abbruch der Lektüre bei Nichtgefallen)

Zweck: Vergnügen, Information, Allgemeinverständnis (in Abhängigkeit von Material und Interesse)

Lesen als Selbstzeck: wenig Anschlussübungen

Schwierigkeitsgrad: keine Überforderung der linguistischen Kompetenz der Schülerinnen und Schüler (weitgehender Verzicht auf Wörterbücher)

Lesemodus: individuelles und stilles Lesen (Selbstbestimmung über Tempo, Ort und Zeit)

Lesegeschwindigkeit: schnell (leicht verständliches Material)

Lehrerfunktionen: Vermittlung und Führung

Lehrervorbild: Lehrkraft als aktives Mitglied der Lesegemeinschaft

Ziele

Fragt man noch genauer nach den Zielen von *extensive reading*, so ähneln sich die Aussagen: "Reading … must be developed, and can only be developed, by means of extensive and continual practice. People learn to read, and to read better, by reading." (ESKEY 1986, 21)

Neben der Lesefertigkeit, die sowohl Quantität (Lesegeschwindigkeit) als auch Qualität (Verständnis) umfasst, geht es auch um einen Zuwachs an allgemeiner Sprachkompetenz sowie das affektive Moment der Freude am Lesen. DAY/BAMFORD (1998, 6) stellen die zwei wesentlichen Ziele klar heraus: "An extensive reading approach aims to get students reading in the second language and liking it." Der Text ist nicht nur Objekt sprachlicher Analyse, sondern auch Quelle von nützlichen Informationen, ästhetischer Bereicherung und emotionalem Vergnügen.

Eine lerntheoretische Legitimation von *extensive reading* kann von zwei Seiten her erfolgen, einer kognitiven und einer affektiven. Beim ersten Begründungszusammenhang wird Lesen als interaktiver kognitiver Prozess interpretiert (DAY/BAMFORD 1998, 10–20). Ein *extensive reading approach* kann es Schülern ermöglichen, sich zu flüssigen Lesern zu entwickeln. Je mehr gelesen wird, desto mehr Wörter werden rasch, genau und automatisch in ihrer gedruckten Form identifiziert (*sight vocabulary*). Dabei sollte das Lesematerial weitgehend auf dem Niveau "i minus 1" liegen. Diese Umformulierung der berühmten *comprehensible input hypothesis* von STEPHEN KRASHEN ("i plus 1": KRASHEN 1985) beruht darauf, dass das Ziel nicht das Lernen neuer sprachlicher Elemente ist, sondern die Erweiterung automatisch erkannten Wortschatzes. Darüber hinaus führt die Lektüre vieler verständlicher und interessanter Texte automatisch zu einer Expansion des rezeptiven Vokabulars. Schließlich werden Weltwissen und thematisches Wissen erweitert. Schnelles Lesen großer Lesemengen resultiert in einer Expansion aller drei kognitiven Bereiche (*sight vocabulary*, rezeptiver Wortschatz, Allgemeinwissen) und führt auf diese Weise zum flüssigen Lesen.

kognitiver Prozess

Die zweite Begründungslinie, die affektive, rekurriert auf psychologische Motivationsmodelle, besonders die *expectancy + value models* (FEATHER 1982). Die Motivation, ein Buch zu lesen, hängt dabei von zwei Erwartungs-Variablen (Material, fremdsprachliche Lesefähigkeit) und zwei Wertschätzungs-Variablen (Haltungen gegenüber fremdsprachlichem Lesen, soziokulturelle Umwelt) ab (DAY/BAMFORD 1998, 28 ff.). Offenkundig vermag *extensive reading* alle vier Variablen zu beeinflussen. Die Lesematerialien sind interessant, attraktiv, gut verfügbar und befinden sich auf dem angemessenen linguistischen Niveau. Da die Texte aufgrund linguistischer Passung

affektiver Prozess

("i minus 1") die Schülerschaft nicht überfordern, treten auch keine Frustrationserlebnisse mit nachfolgenden Vermeidungsstrategien auf. Steter (fiktiver) interkultureller Kontakt sowie Autonomie bei der Wahl und Lektüre des Textes wirken sich förderlich auf die Haltungen aus. Aus soziokultureller Perspektive gesehen, vermag eine entspannte Klassenatmosphäre, die Lesen hochschätzt, etwaigen negativen Einflüssen aus Familie oder *peer group* entgegenzuwirken.

Unterrichtsgestaltung

Lesen als Selbstzweck Wenn Lesen als Selbstzweck gesehen wird, dann sollte bei der Unterrichtsorganisation das eigentliche Lesen im Mittelpunkt stehen:

> *FVR (free voluntary reading) means reading because you want to. For school-age children, FVR means no book report, no questions at the end of the chapter, and no looking up every vocabulary word. FVR means putting down a book you don't like and choosing another one instead.* (KRASHEN 1993, x)

Reading for the sake of reading ohne Begleit- und Anschlussübungen wird hier also propagiert, und die Freiheit zum Lesen schließt auch die Freiheit zum Nicht-Lesen eines Buches mit ein – mit anschließender Wahl eines neuen Buches. KRASHEN unterscheidet noch zwei organisatorische Leseverfahren, das *sustained silent reading* und das *self-selected reading* (1993, 2). Bei ersterem sind Lehrer und Schüler jeden Tag mit freiem Lesen über einen kürzeren Zeitraum (5–15 Minuten) beschäftigt; bei letzterem bildet freies Lesen einen größeren Anteil des Sprachunterrichts, wobei die Schülerinnen und Schüler ihren Leseprozess weitgehend selbst steuern, in regelmäßigen Feedback-Sitzungen mit dem Lehrpersonal die Leseerfahrungen aber reflektiert werden.

unterstützende Aufgaben und Übungen Obwohl das Lesen oberste Priorität besitzt, können verschiedene Aufgaben und Übungen *extensive reading* unterstützen und ihre Wertschätzung bei der Schülerschaft verstärken (THALER 2009). Eine Aktivität und Selbstständigkeit fördernde Möglichkeit ist das *reading log* oder **Lesetagebuch**, Leser-Lerner-Tagebuch, in das die Schülerinnen und Schüler als *while reading activity* ihre spontanen Reaktionen zum Text notieren (z.B. LASSMANN 1994; MOSNER 1997; KRÜCK/LOESER 1997; HESSE 1998, 264). Die Arbeit mit solchen Lesetagebüchern kann die kreative Auseinandersetzung und persönliche Involviertheit mit der Lektüre verstärken und gleichzeitig differenzierend-individualisierend wirken.

An **Aktivitäten innerhalb der Klasse** empfehlen Day/Bamford außerdem (1998, 128–137):

- *Sustained silent reading*
- *Browsing and choosing*
- *Teachers read aloud to students*
- *Repeated timed readings*
- *Rereading the same material*
- *Class reader*
- *Reading laboratory*
- *Free time*
- *Book talks by the teacher*

Während diese Formen weitgehend vor und während des Leseprozesses stattfinden, werden für die *post-reading phase* folgende *follow-up activities* vorgeschlagen (z. B. Day/Bamford 1998, Kapitel 13):

follow-up activities

- *Answering questions*
- *Writing summaries*
- *Writing reaction reports*
- *Giving oral reports*
- *In-book opinion forms*
- *Rave reviews*
- *Popular books section*
- *Reading fair*
- *Wall displays*

Wichtiger als Anschlussübungen ist für die Stimulierung der Lesefreude die richtige Gestaltung der **Leseumgebung**. Dazu zählen:

- Unbeschränkter Zugang zu Lesematerial
- Gut ausgestattete und organisierte Büchereien oder Klassenbibliotheken (z. B. Stenzel 1990; Brusch 1994)
- Einladend-bequeme Leseecken
- Gelegentliches lautes Vorlesen durch die Lehrerinnen und Lehrer (Krashen 1993; Day/Bamford 1998)

Die Schülerinnen und Schüler lesen mehr und lieber, wenn es ein *print rich environment* gibt. Einen nachahmenswerten **Zugang zu Ganzschriften** eröffnet Altvater, angetrieben von der „Forderung nach Flexibilisierung von Unterricht und dem Ruf nach mehr Lernerautonomie" (2000, 125). Sowohl die Auswahl als auch die Erarbeitung der Lektüren erfolgt hier in einem schüler- und handlungsorientierten Rahmen. Die Schülerinnen und Schüler bestimmen selbst, was sie lesen wollen, denn auf der Basis von Verlags-

Lektüre-Auswahl und -Erarbeitung

prospekten (mit Kurzzusammenfassungen des Buchinhalts) treffen sie *informed choices*. Aufgrund dieser Auswahl bilden sie Neigungsgruppen, in denen das gewählte Buch erarbeitet wird, um es danach den anderen Gruppen zu präsentieren. Statt eines werden hier je nach Interesse und Größe der Klasse vier bis sechs Bücher vorgestellt, wodurch der Interessenvielfalt der Klasse Rechnung getragen und der literarische Horizont erweitert wird. Die Buchvorstellung am Ende vollzieht sich außerdem nicht in einem ermüdenden monologischen Referat multipliziert mit vier (bzw. sechs), sondern als adressatenzentrierte Zweiweg-Kommunikation, bei der die jeweilige Expertengruppe durch die anderen Gruppen befragt wird. Diese schülerzentrierte Interaktion wird durch die Einsichtnahme in die vorher erstellten und verteilten Dokumentationsmappen zur Gruppenarbeit vorbereitet, womit eine informiertere Auswertung zustande kommt. Bei diesem Unterrichtsmodell werden leider keine näheren Angaben zur Gestaltung der eigentlichen *reading phase* gegeben, die anscheinend nur zu Hause vonstatten geht; die *post-reading phase* erscheint dafür sehr lang und rückt die Arbeit nach der Lektüre statt die Lektüre selbst in den Mittelpunkt.

Ergebnisse

Die Auswirkungen von *extensive-reading*-Programmen wurden in verschiedenen empirischen Studien erforscht. Insgesamt werden diesem Ansatz segensreiche Wirkungen in mehreren Bereichen attestiert.

KRASHEN kommt bei seiner umfangreichen Meta-Analyse verschiedenster Forschungen in muttersprachlichen, ESL- und EFL-Milieus zu dem eindrucksvollen Fazit:

> *In-school free reading studies and 'out-of-school' self-reported free voluntary reading studies show that more reading results in better reading comprehension, writing style, vocabulary, spelling, and grammatical development. Read and test studies confirm that reading develops vocabulary and spelling.*
>
> *(KRASHEN 1993, 12)*

Je länger das *free voluntary reading* praktiziert wurde, desto zwingender traten die positiven Ergebnisse hervor. Beim Vergleich des „freien-freiwilligen Lesens" mit der Alternative, der direkten Lese-Unterweisung, schnitt *direct instruction* deutlich schlechter ab. KRASHEN führt drei Gründe für die Überlegenheit von *free voluntary reading* an:

Gründe für die Überlegenheit

(1) **Komplexitäts-Argument:** Sprache ist zu umfangreich und komplex, um schritt- und regelweise gelernt zu werden.

(2) **Competence-without-instruction argument:** Eine Lese- und Schreibfähigkeit kann sich auch ohne formelle Lehre entwickeln.

(3) **Wirkungs-Argument:** Die Wirkung von *direct instruction* ist normalerweise sehr gering und verflüchtigt sich mittelfristig oft (KRASHEN 1993, 13–22).

Wie wichtig die **Leseumgebung** ist, wurde auch empirisch bestätigt: Je einfacher der Zugang zu den Büchern war, je besser die (öffentliche und schulische) Bücherei ausgestattet war, je angenehmer die Leseecken gestaltet wurden, je intensiver Eltern und Lehrkörper als Lesevorbild fungierten, desto mehr und freudiger wurde gelesen (KRASHEN 1993, 33–43).

DAY/BAMFORD (1998, 34) untersuchten elf Programme in verschiedenen Milieus und Bildungsinstitutionen. Die Ergebnisse weisen eindeutig positive Resultate auf:

positive Resultate

- Fremdsprachliche Lesefähigkeit: Alle sieben einschlägigen Studien stellten eine Verbesserung fest. Wie beim Erstsprachenerwerb lernen Kinder auch beim Zweitsprachenerwerb das Lesen, indem sie lesen.
- Haltungen: Die Schülerinnen und Schüler entwickelten positive Einstellungen zum Lesen.
- Wortschatz: Drei von fünf relevanten Untersuchungen berichteten über eine Verbesserung der Wortschatzkenntnisse.
- Linguistische Kompetenz: In jeder Studie, die diese Variable untersuchte, fand eine Erhöhung der allgemeinen Sprachkompetenz statt.
- Schreiben: Obwohl kein spezifischer Fokus auf das Schreiben gelegt wurde, ergab sich eine klare Verbesserung der Schreibfertigkeit. Damit wurde die These verifiziert, dass man Schreiben durch Lesen lernt.
- Orthografie: Die empirische Basis dieser Variable ist dünn, weist aber in Richtung einer positiven Relation.

Die Drittklässlerinnen von LIGHTBOWN (1992) lasen nur attraktive **Kinderbücher** und hörten die dazu gehörigen Tonkassetten. Beim Leistungsvergleich nach drei Jahren zeigten die reinen Leseklassen in allen Teilfertigkeiten mindestens gleich gute, in vielen Teilbereichen sogar bessere Leistungen als die konventionell unterrichteten Kontrollklassen.

BRUSCH/HEIMER (2000) erzielten in vier verschiedenen Jahrgängen der Sekundarstufe I große Erfolge bei der Verbindung von extensivem Lesen und kreativem Schreiben mithilfe der **Bücherkiste**. In der 5. Klasse lasen sie Spot-Bücher und entwarfen zusammen mit den Kunstlehrerinnen und -lehrern ihre Geschichten, in der 7. Klasse wurden Lesetagebücher und Walkmans eingesetzt, in der 8. Klasse fanden Textgespräche statt, und die

Zehntklässler wurden zum gelenkten Schreiben von Kinderbüchern (*dependent authorship*) angehalten.

FÖLSCH (2002) investierte in ihr Projekt zum **individualisierten Lesen** in einer 7. Gymnasialklasse 16 Stunden. Das extensive Lesen wurde durch *reading logs, reading posters* und abschließende Präsentationen unterstützt. Das Engagement der Schülerschaft war hoch, die – unbeliebten – *reading logs* führten zu einem intensiveren, eigenständigeren Textverständnis, Lesemotivation und auch Lesestrategien wurden sehr gefördert.

Ermutigende Ergebnisse erzielte auch GEDICKE (1994) durch **reading by proxy**, einer Kombination aus extensivem Lesen, Rollenspiel und kreativem Schreiben. Die Schülerinnen und Schüler aus verschiedenen Jahrgangsstufen und Schultypen zeigten eine hohe Motivation, schätzten die abwechslungsreichen Rollenspiele und verbesserten sich nicht nur bei den Lesefertigkeiten, sondern auch bei ihrer *fluency*.

HERMES konnte schon bereits 1984 feststellen: „Ein **fun-reading**-Programm lässt sich in Gymnasialklassen ab der zweiten Hälfte der fünften Klasse in Angriff nehmen" (1984, 120). Mit einem thematisch vielfältigen Textangebot, sprachlich einfachen Texten und der strikten Befolgung der Freiwilligkeit erzielte sie wunderbare Resultate:

Die 31 Schülerinnen und Schüler, die einmal wöchentlich aus 35 Lektüren ausleihen konnten, lasen in fünf Monaten knapp 400 Lektüren – das sind im Schnitt immerhin 13 (!) fremdsprachliche Bücher pro 11-jährigem Schüler bzw. 11-jähriger Schülerin.

Beurteilung

Sowohl lerntheoretische Argumente als auch empirische Daten legen den Schluss nahe, dass *extensive reading* positive Konsequenzen im kognitiven und affektiven Bereich zeitigt.

Konsequenzen im kognitiven und affektiven Bereich

Die Fähigkeit zum Lesen, die Freude am Lesen und die allgemeine Sprachkompetenz profitieren vom Einsatz entsprechender Programme.

Gleichzeitig stellt sich *extensive reading* als ein genuin offenes Unterrichtsverfahren dar. Die Schülerinnen und Schüler können frei wählen, was, wann, wo und wie sie lesen. Im Hinblick auf den Stoff stehen ihnen mehrere Titel zur Verfügung; bezüglich der Zeit kommt neben den Unterrichtsstunden die schulfreie Zeit in Betracht; was den Ort angeht, bieten sich neben dem Klassenzimmer häusliche und öffentliche Plätze an; und in Bezug auf den Modus können sie unterschiedliche Lesegeschwindigkeiten und -arten erproben, vom *reading at one sitting* bis zur mehrmals unterbrochenen Intervall-Lektüre. Auch besteht die Möglichkeit, die Lektüre eines bestimmten Textes bei Nichtgefallen abzubrechen.

Zur thematischen, raum-zeitlichen und modalen Offenheit gesellt sich die prinzipielle Offenheit im Wesen des literarischen Textes. Der Text konfrontiert seine Leserschaft mit subjektiven Perspektiven und unterschiedlichen Leerstellen. Vor dem Hintergrund rezeptionsästhetischer Ansätze wird die Bedeutung des Textes erst im offenen Wechselspiel zwischen Text und Leserschaft – also individuell vom Schüler oder von der Schülerin – konstruiert. Er bzw. sie erfährt das Leseerlebnis als schöpferischen Prozess und partizipiert aktiv an der Entschlüsselung des literarischen Sinnentwurfs. Somit kann *extensive reading* auch zur Werteerziehung und Persönlichkeitsentfaltung beitragen.

Offenheit besitzt auch für den Textbegriff und die darauf aufbauende Zusammenstellung der Textauswahl große Bedeutung. Ausschlaggebendes Selektionskriterium sollte neben literaturästhetischen Kriterien und der Berücksichtigung der schulartspezifischen Ziele des Fremdsprachenunterrichts die Adressatenbezogenheit sein, wie z. B. die Orientierung an den lebensweltlichen Erfahrungen der Schülerinnen und Schüler sowie an dem sprachlichen und persönlichen Reifegrad der jeweiligen Lern- und Altersstufe. Alle Themen, Genres und Textsorten, die jugendlichen Interessen, Bedürfnissen und Neigungen entsprechen, werden berücksichtigt. Dies schließt neben literarischen Werken auch nichtfiktionale Texte, Klassiker ebenso wie ästhetisch anspruchslosere Titel ein. In der Sammlung haben landeskundliche *readers*, Sachtexte, Magazine, Zeitungen, Kinderbücher, Comics, Jugendbücher, volkstümliche Literatur, (vereinfachte) Klassiker und Übersetzungen einen Platz.

Neben der selektionsbezogenen Offenheit gilt es auch die Offenheit bei der Auseinandersetzung mit dem Lesestoff zu bedenken. Die Auffassung vom Lesen als einem individuell-kreativem Akt erfordert unterrichtspraktische Verfahren, die die Einbeziehung persönlicher Leseerfahrungen berücksichtigt.

verschiedene Aspekte von Offenheit

Grundsätzlich liegt der Zweck des Lesens im Lesen, und die positive Sanktionierung extensiven Lesens erfolgt durch vermehrtes, rascheres und freudigeres Lesen. Der Akt des Lesens steht im Vordergrund – und nicht spezielle Zusatz- und Anschlussaufgaben. Zu viele Übungen vergällen dem Schüler bzw. der Schülerin das Leseerlebnis und schränken die subjektive Auseinandersetzung mit dem Text ein. Schülerzentrierte Aktivitäten, die auf den individuell unterschiedlichen Reaktionen der Schülerinnen und Schüler aufbauen, sind den formorientierten und geschlossenen vorzuziehen.

Verantwortlich für die Bereitstellung der Titel und Aufgaben ist überwiegend die Lehrkraft. Ihre ausschlaggebende Rolle bezüglich Erfolg oder Misserfolg von *extensive reading* erschöpft sich natürlich nicht darin.

"Readers are made by readers." (Nuttall 1982, 192)

Die Lesemotivation des Schülers steht in Abhängigkeit von der Lesemotivation des Lehrers. "Reading is like an infectious disease – it is caught, not taught." (Nuttall 1982, 192) Die Lehrkraft muss sich ihrer Funktion als *role model* bewusst werden und mit gutem Lese-Vorbild vorangehen. Wenn sie glaubhaft machen kann, dass sie viel und gerne liest, werden ihr die Schülerinnen und Schüler auf diesem Weg folgen.

Natürlich dürfen die Probleme eines *extensive-reading*-Programms nicht ignoriert werden:

Probleme eines extensive-reading-Programms

(1) **Akzeptanz-Problem:** Aufgrund historischer Traditionen und curricularer Entscheidungen dominiert das intensive, statarische Lesen an den meisten Schulen – meist in Kombination mit analytisch-objektiven Zugängen. Anwendung textanalytischer Termini, Kenntnisse über literarische Genres und Einordnung von Einzeltiteln in einen literaturwissenschaftlichen Kontext sind zweifelsfrei wichtig – aber *extensive reading* eben auch.

(2) **Logistik-Problem:** Die Anschaffung einer Vielzahl an Bücher bedeutet eine kostspielige Investition sowie aufwändige Planungs-, Durchführungs- und Evaluationsarbeiten. Hier sollte man auf die Strategie der kleinen Schritte setzen und verschiedene Planungshilfen zurate ziehen, die einem helfen, die richtigen Titel auszuwählen, eine Bibliothek zu organisieren, passende Übungen zu finden und den Lernfortschritt zu evaluieren (z. B. Day/Bamford 1998, 81–163; Nuttall 1982, 174 ff.).

(3) **Zeit-Problem:** Viele Lehrerinnen und Lehrer werden natürlich auch auf ein Zeit-Problem verweisen. Sie mögen aber bedenken, dass *exten-*

sive reading neben lesetypischen Fertigkeiten auch allgemeinsprachliche Kompetenzen fördert und somit sehr lehrplanadäquat ist. Man muss auch nicht unbedingt ein umfangreiches Programm durchführen, sondern kann sich auf eine (oder eine halbe) Stunde pro Woche über einen bestimmten Zeitraum beschränken oder einen extracurricularen Leseklub am Nachmittag ins Leben rufen. Das *extensive reading* komplett in die außerschulische Zeit zu verlagern suggeriert jedoch den Schülerinnen und Schülern eine Geringschätzung dieser Methode.

lernplanadäquat

Wenn alle äußeren Umstände funktionsgerecht gestaltet sind, kann ein engagierter Leser-Lehrer das bewerkstelligen, was NUTTALL (1982, 168) als *virtuous circle of the good reader* und DAY/BAMFORD (1998, 30) als *extensive reading bookstrap hypothesis* bezeichnen:

Wenn jemand gerne liest, liest er schneller, wodurch er mehr lesen kann, besser versteht und schließlich wieder lieber liest.

2 Creative Writing

Developing writing skills
is seen as part of developing students' literacy
of which learner autonomy is a part.
MÜLLER-HARTMANN/SCHOCKER-VON DITFURTH

Hintergrund

Als Vorläufer von *creative writing* kann das automatische Schreiben betrachtet werden, das vor 100 Jahren von dem Franzosen Janvet für therapeutische Zwecke entwickelt und in den 20er Jahren von surrealistischen Schriftstellern wiederentdeckt wurde (BEYER-KESSLING 2002, 334). Dabei schließt man die Augen für einige Minuten und konzentriert sich auf sich selbst. Nach dem Öffnen der Augen schreibt man ohne großes Abwägen alles zügig nieder, was einem gerade in den Kopf kommt.

Die Idee der Kreativität gewann als Gegenkonzept zu Verkrustung und als Medium der Erneuerung in den 70er Jahren zunehmend an Popularität – zunächst im Deutschunterricht, später auch im Fremdsprachenunterricht. Man konstatierte große Defizite bei Schülerinnen und Schülern im kreativen Bereich (KARBE 1993, 5) und kreatives Schreiben bot die Möglichkeit, die Jugendlichen aus ihrer passiven Konsumhaltung herauszuholen und divergentes Denken zu fördern, was als Voraussetzung für Kreativität gilt.

Schreibkompetenz   Auf schuldidaktischem Gebiet setzte sich langsam die Erkenntnis durch, dass sich Schreibkompetenz nicht auf orthografisch-syntaktische Kompetenz reduzieren lässt. Man erkannte eine Verengung auf stark gelenkte Schreibübungen (Einsetz-, Komplettierungs-, Transformationsübungen), funktionales Schreiben (*letter of application*), konkrete Aufgabenstellungen (*summarize, comment, characterize*) und Mitschreiben oder Abschreiben (Hefteintrag des Tafelbilds). Demgegenüber wurden offene Schreibaufgaben vernachlässigt oder in den häuslichen Bereich abgeschoben. Entsprechend nahm die auf dem *creative approach* oder *expressive approach* basierende *process writing movement* Fahrt auf.

Auch galt es eine Fehlrezeption von *Communicative Language Teaching* zu korrigieren. Bisweilen wollte man den Primat mündlicher Kommunikation auf Kosten schriftlicher Produktion einfordern. Kommunikativer Fremdsprachenunterricht umfasst aber alle *basic skills* und impliziert auch die Förderung schriftlicher Kommunikationsfähigkeit. Letztere, so legten Ergebnisse der Schreibforschung nahe (KUPETZ 1997b, 18 ff.), stelle sich entgegen Krashens Lese-Schreib-Hypothese (Krashen 1993) nicht automatisch durch vieles Lesen ein, sondern bedarf gezielten Trainings.

Begriff

Angesichts der inflationären Verwendung des Modebegriffs *kreativ* und der Fülle konkurrierender Bezeichnungen (persönliches Schreiben, expressives Schreiben, natürliches Schreiben, kommunikatives Schreiben, autobiografisches Schreiben) gestaltet sich eine terminologische Klärung als schwierig. Das aus dem Lateinischen (,creare') stammende *kreieren* bedeutet ,etwas (er)schaffen' bzw. ,etwas hervorbringen', wobei die ureigenste Bedeutung des ,schnitzenden Herausarbeitens' ein Rohmaterial erfordert, aus dem Neues geschaffen werden kann. Überträgt man diese Vorstellung auf den Fremdsprachenunterricht, muss ein gewisses Potenzial an Sprachmitteln vorhanden sein, bevor die Schülerinnen und Schüler damit kreativ handeln können.

kreieren bedeutet ,etwas (er)schaffen'

Eine Durchsicht fachdidaktischer Definitionsversuche ergibt ein breites Spektrum:

- ,Neues erfinden' bis ,Bekanntes in einen neuen Zusammenhang stellen'
- ,Längere, vollkommen eigene Texte' bis ,selbstständige Veränderung einzelner Wörter'
- ,Individuelle literarische Texte' bis ,jedwede eigenständige schriftliche Formulierung'

Improvisation und Originalität betont Kieweg und macht gleichzeitig auf die sprachlichen Barrieren aufmerksam:

Kreatives Schreiben zielt auf die Improvisation mit reizvollen Inhalten, auf die Entdeckung origineller Textideen und Textschemata, berücksichtigt das jeweils erreichte Sprachniveau (Interimssprache) und provoziert beständige Konflikte zwischen dem inhaltlichen Wollen und dem sprachlichen Können der Lernenden.

(Kieweg 2003a, 1)

Ein gewisser Anteil kreierender, schöpferischer, intuitiver Elemente ist entscheidend; eine vollkommene Neuerschaffung eines originalen Textes ist nicht unbedingt vonnöten.

> Eine sehr klare und brauchbare Definition betrachtet solche Verfahren generell als kreativ, „die Texte um-, nach- oder neugestalten oder sie in andere Medien umsetzen." (Holtwisch 1999, 417)

Ziele

Was die Funktionen von *creative writing* betrifft, findet man neben sprachpraktischen auch außersprachliche Zielbestimmungen (BEYER-KESSLING 2002, 334; HOLTWISCH 1999, 418):

- Ergänzung lehrerzentrierter Textanalyse
- Aufschließung innerer Texte
- Einbringen persönlicher Erfahrungen
- Experimentieren mit fremder Sprache
- Erkennen der eigenen Person
- Kennenlernen anderer Personen
- Entwicklung eigener Schreibstrategien
- Erweiterung des aktiven Wortschatzes
- Selbstbestimmung
- Ganzheitliches Erleben der Sprache
- Verbesserung der Lernatmosphäre und Motivation

Kognitive, kommunikative, intrapersonale und sozial-integrative Intentionen wirken zusammen und wollen die Annahme, dass die moderne Telekommunikationsgesellschaft den Schreibbedarf reduziert habe, als Trugschluss entlarven.

Unterrichtsgestaltung

Damit kreatives Schreiben gelingen kann, sind neben Einfallsreichtum auch die Kenntnis von Textsorten und -strukturen sowie das Bewusstsein prozessorientierten Schreibens notwendig (THALER 2008, 2009). Die Untergliederung dieses Schreibprozesses wird von einzelnen Autoren unterschiedlich vorgenommen. BLUDAU (1998, 14) kennt drei Phasen:

(1) *Pre-writing*: Sammeln von Wortmaterial und Strukturieren von Ideen
(2) *Writing*: Entstehung des eigentlichen Schreibprodukts

Phasen des kreativen Schreibens

(3) *Post-writing*: Überarbeitung des Textes

In vier Phasen wird der Prozess des kreativen Schreibens bei FROESE (1999, 426 f.) unterteilt:

(1) Inspirationsphase: Sammeln von Schreibanregungen
(2) Inkubationsphase: Spielerischer Umgang mit Schreibmaterial
(3) Illuminationsphase: Eigentliche Textarbeit
(4) Verifikationsphase: Überprüfung, Vorlesen und Veröffentlichung des Produkts

KIEWEG (2003a, 2) differenziert die Textgenerierung noch weiter:

(1) Textidee
(2) Textschema
(3) Schreibstrategien
(4) Erstentwurf
(5) Textbearbeitung
(6) Textgeschlossenheit

Gemein ist all diesen Phasenmodellen, dass die Lehrkraft den Schülerinnen und Schülern den Prozesscharakter des Schreibens transparent machen sollte (vgl. auch HOLTWISCH 1995; BEILE 1996). Die erste Version eines Textes braucht nicht gleich perfekt zu sein, sondern kann noch hinsichtlich Textform, Inhalt, Adressatenbezug und Rechtschreibung überarbeitet werden. Die Zwischenfassungen erfahren ein mehrmaliges Überarbeiten durch Mitschüler und Lehrperson, um sich stufenweise der fertigen Fassung anzunähern. Dieser sukzessive Prozess lässt Hypothesen permanent modifizieren und ähnelt dem natürlichen Vorgehen bei Erwachsenen. Zur Textüberarbeitung, die bereits ab dem ersten Fremdsprachen-Lernjahr erfolgen kann, könnte dem Lernenden auch eine Checkliste an die Hand gegeben werden (BEILE 1996, 8), deren Vorteile darin liegen, dass die Schülerinnen und Schüler eine Fehlersensibilität aufbauen, sich in der Selbstkorrektur üben und durch die intensive Auseinandersetzung mit dem eigenen Text sprachliche Ordnungsstrukturen nachhaltiger im Gehirn speichern.

Schreiben als Prozess

Neben dem prozessualen Charakter des kreativen Schreibens sind die Schreibenden natürlich auf fruchtbare Ideen, Anregungen und Themen angewiesen. Inzwischen besteht kein Mangel mehr an Sammlungen diesbezüglicher Ideen (BEYER-KESSLING 1996; TEICHMANN 1998, 252 ff.; BEYER-KESSLING 2002; KIEWEG 2003a; THALER 2005, THALER 2009). Um Ordnung in die Vielfalt der Aufgaben zu bringen, könnte nach der Schreibabsicht (*completing, describing, explaining, arguing, letter writing, inventing*) oder den verwendeten Arbeitsformen klassifiziert werden, was aber zu großen Zuordnungsschwierigkeiten führt. In der nebenstehenden Tabelle wird deshalb nach der Art des Stimulus differenziert, wobei zunächst zwischen verbalen und non-verbalen Typen und anschließend innerhalb der ersteren nach dem Anteil vorgegebener Elemente unterschieden wird – das sprachliche Material kann vollständig vorliegen, aber auch noch gar nicht vorhanden sein (THALER 2008).

Ideen für *creative writing*	
Stimulus	**Tasks**
Kompletter Text	• Sentence switchboards • Nonsense timetables, menus, shopping lists • Transformation tasks • Changing the narrative perspective • Changing persons, times, places
Partieller Text	• Completing open-ended stories • Writing the ending • Filling in missing parts • Enlarging a skeleton text • Expanding
Fehlender Text	• Writing on a title • About myself: I am …, I like …, ABCs, anagrams, acrostics • Writing after the first/before the last sentence • Literary text as springboard • Responding to a newspaper's problem page • Chain writing, taking turns
Vorgegebene Textstruktur	• Changing the genre • Parodying a fairy tale • Letter of application responding to an advert • Writing a love story • Inventing a board game • Creating advertisements • Designing a crossword puzzle (with the PC)
Akustischer Stimulus	• Associations with noises • Listening to music: collecting words, writing a story • Writing on program music (z. B. Prokofjew: *Peter und der Wolf*)

Ideen für *creative writing*	
Stimulus	**Tasks**
Visueller Stimulus	• Writing a story to match a photo • Inventing a bizarre story for a picture • Writing picture stories • Explaining a cartoon • Collages • Videos • Realia: talking objects • Shape poems • Dialogue with a sculpture • Telling a four-item story

Was den Umfang angeht, gelten keine festen Grenzen. Auch wenn die Mehrzahl der *tasks* auf der Textebene angesiedelt ist, kann kreatives Umgestalten ebenso auf der Ebene des Satzes und sogar des Wortes erfolgen. So wird beispielsweise die zeichnerische Ausgestaltung von Vokabeln zwecks nachhaltiger Verankerung und Memorierung vorgeschlagen. *Umfang*

Kürzere Formen eignen sich auch gut für Lernende mit noch beschränkten sprachlichen Mitteln. Jüngere Altersjahrgänge bevorzugen zudem Texte mit Spielelementen, Rätseln, Fallen und ähnlichen Überraschungsmomenten und schrecken vor der Übernahme anderer Rollen noch nicht so stark zurück. In höheren Stufen können dagegen subtilere Darstellungen subjektiver Empfindungen und begründete persönliche Stellungnahmen angeregt werden.

Die natürliche Sozialform für *creative writing* scheint zunächst Einzelarbeit zu sein. Der Bedarf an zusätzlichen Ideen und die Notwendigkeit mehrmaligen Überarbeitens weisen aber auch der Partner- und Kleingruppenarbeit einen gebührenden Platz zu. In diesen personalen Arrangements können Ideen im sanktionsfreien Raum getestet werden und Hypothesen durch Feedback gebildet und modifiziert werden. *Sozialform*

Ergebnisse
Ergebnisse der Schreibforschung belegen, dass selbstständiges Überarbeiten eigener Texte lernbar ist (BEREITER/SCARDAMALIA 1987, 270). Schreibende, die mit einem Feedback-Kriterienkatalog ausgestattet waren, editierten ihre Texte effektiver und umfangreicher als Kontroll-Probanden ohne Katalog.

Man konnte auch empirisch belegen, dass die Veröffentlichung des Schreibprodukts die Leistung steigert (Degott 1995, 184). Schülerinnen und Schüler einer 12. Klasse, die von Anfang an wussten, dass die Schreibergebnisse vorgelesen werden würden, bemühten sich um eine große lexikalisch-stilistische Bandbreite ihrer Texte.

selbstständiges Überarbeiten ist lernbar

Befragungen und Fallstudien ergaben, dass es für die Erstellung eines Schreibtextes angesichts deutlicher individueller Differenzen kein lernstrategisches Patentrezept gibt (Eigler 1985). Manche benötigen einen festen Plan für ihr Schreibvorhaben, andere fühlen sich dadurch unnötig eingeengt. „Beide haben Freude am Schreiben, der eine ordnet aber zunächst seine Gedanken und schreibt dann, während der andere schreibend denkt." (Eigler 1985, 313) Bei dieser Studie wurde allerdings akademisches Schreibverhalten (auf Universitätsniveau) untersucht.

Dass bereits junge Schülerinnen und Schüler mit begrenzten sprachlichen Mitteln zu erstaunlich kreativen Leistungen geführt werden können, wurde mehrfach demonstriert. Fähnrich (1992) ließ ihre 5. Klasse *ghost stories* schreiben, wobei der Impuls zu den selbst verfassten Spukgeschichten durch eine Lehrbuch-Geschichte erfolgte. Vater (1996) erprobte den spielerischen Umgang mit Schreibtexten erfolgreich im Rahmen eines Teddy-Bear-Projektes.

Ältere Realschülerinnen und -schüler verfassten bei Arendt (1993) englische Gedichte zum Thema *dreams and nightmares* und gelangten zu erstaunlichen, bewegenden Kreationen mit häufig tiefer persönlicher Note. Eine gestufte Hinführung und gezielte Planung erwiesen sich dabei jedoch als notwendig. Während der Interpretationsphase im Klassenverband stellte er auch positive Auswirkungen des Schreibens auf die Fertigkeit des Sprechens fest.

Struktur einer Unterrichtsstunde

Ein Leistungskurs der Jahrgangsstufe 13, der Gedichte nach Ingrid Wendts Lehr- und Arbeitsbuch verfasste, zeigte ebenfalls überzeugende Resultate (Kroth 1996). Eine Unterrichtsstunde war dabei folgendermaßen strukturiert:

- Erste Phase (15 Minuten) mit spontanem Assoziieren und Anfertigen der *sloppy copy*
- Zweite Phase mit Vorlesen der *rough copy* und sofortigem Feedback durch die Mitschüler/Lehrkraft

- Dritte Phase mit Feinschliff in Stillarbeit und Benutzung von Wörterbüchern
- Letzte häusliche Phase mit wiederholtem lauten Lesen des eigenen Textes

Ähnlich wie ARENDT stellt auch KROTH fest: „Es sind offene Texte, die subjektive Meinungsäußerungen provozieren und Gespräche in Gang bringen, welche die mündliche Kompetenz in der Fremdsprache fördern." (KROTH 1996, 26)

Instrumentalmusik als Stimulanz für kreatives Schreiben untersuchte WICKE (1996, 121 f.). Seine 7. Klasse unternahm zwei Unterrichtsversuche zu der *rock story The Fall of the House of Usher* von Alan Parsons Project (nach E. A. Poe) und zu einer Aufnahme von Andreas Vollenweider. Die zahlreichen kleinen Geschichten zeigten ganz unterschiedliche Deutungsversuche und zeichneten sich durch Originalität und Kreativität aus. Auch hier wurden die Schreibprodukte ihrerseits zum Unterrichtsgegenstand, indem die Schülerinnen und Schüler durch den Vergleich verschiedener Interpretationsansätze voneinander lernten.

Nicht akustische, sondern visuelle Impulse setzten AKINRO (1997) und GIENOW (1997) ein. Bei ersterer fungierte ein Kunstwerk aus der Moderne als Auslöser für kreatives Schreiben, wobei eine handlungsorientierte Auseinandersetzung die 14-jährigen Realschüler zu vielen unterschiedlichen Texten (und Bildern) von erstaunlicher Kreativität führte. Bei GIENOW lösten Sequenzen aus dem 1962 gedrehten Film *The Loneliness of the Long-Distance Runner* (nach ALAN SILLITOES Erzählung) kreative Schreibprozesse unter den 155 Schülerinnen und Schüler 10.–12. Klassen aus. Besonders Lücken und Auslassungen als Zeichen von Offenheit in bedeutungsvollen Filmsegmenten regten oft individuelle Konzeptbildung und das Schreiben subjektiv valenter Texte an. Entsprechend plädiert er für

akustische oder visuelle Stimulanzien

medienbezogene Schreibangebote, die latente psychische Inhalte, individuelles Wissen und Können, persönliche Erfahrungen und Bewertungen aktivieren, die Vorstellungsbilder und Konzepte erzeugen und modifizieren können, sodass der produzierte Text als Teil des eigenen Selbst aufgefasst wird.

(GIENOW 1997, 95)

Beurteilung

Creative writing gehört zu den offenen Unterrichtsverfahren, weil es die Prinzipien von Freiheit, Selbstbestimmung, Risikobereitschaft, Kooperation, Ganzheitlichkeit und Differenzierung betont.

die Freiheit des persönlichen Ausdrucks

Die Lernenden „sollen sich zwanglos, phantasievoll, lustvoll betätigen." (HERMES 1994, 97) Die Freiheit zum eigenen persönlichen Ausdruck bringt verschiedenste Resultate hervor, denn jeder Schüler und jede Schülerin hat am Ende des Schreibprozesses ein anderes Produkt. „Durch den kreativen Schreibprozess begeben sich Lernende und Lehrende auf gemeinsame Entdeckungsreisen, wobei die Reisen gemeinsam erfolgen, die Entdeckungen jedoch zum Teil sehr unterschiedlich sind." (TEICHMANN 1998, 257) Für diese Individual-Entdeckungen der Kollektiv-Reisenden

ist ein Verständnis von Fremdsprachenunterricht nötig, das die Ebenen der traditionellen textgeleiteten, instruktiven Vermittlungsmethoden verlässt. Das traditionelle Input-Output-Denken muss hier radikal aufgegeben werden, will man bescheidene Ergebnisse erreichen. Sollen die Schülerinnen und Schüler kreativ schreiben, dann müssen die dazu nötigen Freiräume geschaffen werden, in denen ein Entdecken, ein spontaner Formulierungsversuch, ein Spiel mit den den Schülerinnen und Schülern bis dato zur Verfügung stehenden Elementen der ‚Interimssprache' möglich ist und in denen man im Versagensfall nicht ‚bestraft' wird. (KIEWEG 2003a, 3)

Spracherwerbs- und lerntheoretische Annahmen unterstützen diese Öffnungsabsicht (TEICHMANN 1998, 250; KARBE 1993; BEILE 1996; KIEWEG 2003a). Das Testen selbst erstellter Hypothesen und die Anpassung bei fehlgeschlagener Kommunikation erfordern auf der psychologischen Ebene die Bereitschaft, Risiken einzugehen und auf der kognitiven Ebene die Fähigkeit, Hypothesen mittels entsprechender Strategien aufzustellen. Wenn Informationen an unterschiedlichen Stellen im Gehirn gespeichert und abgerufen werden wollen, empfiehlt sich ein ganzheitlich orientierter Unterricht mit Rätsel- und Puzzle-Elementen. Der oft vernachlässigte kreative Bereich der rechten Hemisphäre wird miteinbezogen – nicht nur der linke Teil, der für die logischen Funktionen (des Schreibens) verantwortlich ist. Eine simultane Beanspruchung der beiden Bereiche kann eine höhere Effektivität des Englischunterrichts erreichen.

Die Betonung der Freiheit darf aber nicht heißen, dass man auf Steuerung ganz verzichtet. Alles neu erfinden zu müssen erfordert viel Zeit, Geduld und Kraft; die Lenkung durch einen Rahmen lässt noch genügend Freiraum für Inspiration. Es führt „nicht zu den besten oder für die Lernenden befriedigendsten Ergebnissen, alles frei und offen, im populären Verständnis ‚kreativ‘ erstellen zu lassen." (TEICHMANN 1998, 254)

Schließlich bedeutet Differenzierung auch, dass die imaginativen Kräfte bei den einzelnen Schülerinnen und Schülern unterschiedlich stark ausgeprägt sind. Zwischen der kreativen Imagination und dem sprachlichen Können besteht oft ein Konflikt. Man sollte nicht zu hohe Ansprüche stellen, denn auch Kreativität unterliegt einer allmählichen Entwicklung. Besonders in den ersten Lernjahren einer Fremdsprache kann sie sich „nur gestützt und teilgesteuert ereignen … mit fortschreitendem Spracherwerb der weiterführenden Stufen kann sie sich zunehmend und weniger gelenkt entfalten." (HELLWIG 1991, 161)

Lenkende Maßnahmen fungieren als Hilfestellung und Vorentlastung für das eigentliche Schreiben, beugen Entmutigung und Überforderung vor, lösen Blockaden und regen die Fantasie und Kreativität der Schülerinnen und Schüler an. Um zu wissen, worüber, was und wie man schreibt, bedarf es Ideen, Strukturen und Techniken, die von der Lehrkraft vermittelt werden müssen. Durch geeignete Verfahren (*brainstorming, clustering, mind mapping, spidergramming*, freies Assoziieren zu einem Begriff) werden Ideen aufgeschlossen und durch Beispieltexte oder Textgerüste Ausgestaltungsprozesse unterstützt.

Lenkung bleibt notwendig

Eine stark lenkende Funktion geht natürlich von den Impulsen kreativen Schreibens aus. Der Steuerungs- bzw. Öffnungsgrad kann dabei recht unterschiedlich sein. So wird ein großes Kreativitätspotenzial in Bildern gesehen (KESSLING/MACDEVITT 1986; BLELL/HELLWIG 1996). Beim Betrachten von Bildern werden bei den Schülerinnen und Schülern ganz individuelle Assoziationen zu den Abbildungen hervorgerufen, sodass durch die Konfrontation mit einem Bild sogenannte „innere Bilder" beim Betrachter bzw. der Betrachterin erzeugt werden.

Nicht nur Bilder und traditionelle Texte können als Impulse von *creative writing* dienen. Neben akustischen Anregungen sind in Zukunft auch die Kommunikationsformen interaktiver Medien zu berücksichtigen. Eine mediale Öffnung der Schreibanlässe würde hier bedeuten, E-Mail, Chat, Forum, Newsgroup, SMS und Handy als Grundlage individuell-kreativer Texte zu nutzen.

Egal, welche Medien als Impulse dienen, *creative writing* erfordert von den Schülerinnen und Schülern das Vertrauen in die eigenen Fähigkeiten sowie die Bereitschaft zum Risiko. Um diese (wieder) sukzessive aufzubauen, ist eine Abkehr von einer fehlerfixierten Haltung nötig.

Vertrauen in die eigenen Fähigkeiten

Ohne eine ‚atmosphere of writing', eine Atmosphäre, die die Entwicklung der Kreativität begünstigt, Angstfreiheit schafft und die Fantasie beflügelt, lässt sich kreatives Schreiben nicht verwirklichen, erst recht nicht im Englischunterricht.   (BEYER-KESSLING 2002, 336)

Deswegen kann die Bewertung des kreativen Schreibens nicht den korrekten Sprachgebrauch in den Vordergrund stellen, sondern inhaltlich-gehaltliche Faktoren sowie Freude am Schreiben, Kreativität, Fantasie.

Bewertung

Eine Öffnung der Bewertungskriterien bedingt allerdings ein Evaluierungs-Problem. Die Konzentration auf formale Korrektheit verbietet sich, denn die Addierung von Fehlern führt zur Risiko-Vermeidung. *Risk taking* stellt dagegen ein wesentliches Element kreativen Schreibens dar; wenn aber die Schülerinnen und Schüler wissen, dass sprachliche Richtigkeit benotet wird, werden sie dieses Risiko vermeiden und simple Syntax bevorzugen. Dazu gesellt sich die Schwierigkeit, den Begriff *Kreativität* mit einem Raster aussagekräftiger Kriterien zu operationalisieren. Auch divergieren die Ergebnisse kreativer Aktivitäten zu stark, um sich einer vergleichenden Bewertung unterziehen zu können.

„Je offener die Aufgabenstellung, desto höher sind auch die Ansprüche an die Darstellungsfähigkeiten der Schüler, umso problematischer wird allerdings auch ihre Bewertung." (HOLTWISCH 1999, 422) Eine Reaktion auf diese Problematik wäre der Verzicht auf Benotung und die Beschränkung des Lehrenden auf einige – primär positive – Verbalaussagen.

In eine ähnliche Richtung geht ein inhaltsorientiertes Feedback durch Lehrende und Mitlernende im Rahmen von Autoreninterviews oder eines Lektorenverfahrens (jeder ist Autor und Lektor).

Angesichts des Prozesscharakters kreativen Schreibens erscheint eine **prozessorientierte Benotung** angebracht, die inhaltliche und sprachliche Kriterien nicht nur an das Endprodukt, sondern auch an den Entwurf und die Zwischenentwürfe anlegt (KIEWEG 2003a, 3 ff.). Einen differenzierten Bewertungsvorschlag kreativer Klassenarbeiten mit form- und kreativitätsorientierten Kriterien legt HOLTWISCH vor (1999, 423):

- Umfang
- Individuelle Ideen
- Aufgabenbezug
- Gedankliche Auseinandersetzung
- Textformbezug
- Form
- Sprache
- Bonus/Malus

Kommunikationstheoretische Modelle, psychologische Überlegungen und empirische Belege untermauern die Notwendigkeit einer Öffnung des Publikums für die Produkte kreativen Schreibens. Um die Authentizität der Mitteilung im Kommunikationsprozess herzustellen, benötigt das Schreiben mindestens einen Empfänger, der sich auch für die Mitteilung interessiert. Schließlich schreibt man, um gelesen zu werden.

Schreiben für ein Publikum

Die Bereitschaft, das eigene Produkt zu verbessern und zu verschönern, steigt, wenn man weiß, dass es von mehreren Empfängern gelesen wird.

Um diesen Bedürfnissen zu entsprechen, kann man vielfältige Möglichkeiten ausprobieren:
- Vorlesen vor der ganzen Klasse
- Aufhängen am Schwarzen Brett des Klassenzimmers
- Gestaltung eines Wandfrieses
- Erstellung einer Poster-Collage
- Drucken einer Klassenzeitung
- Information der Nachbarklasse
- Vortragen bei einem Elternabend oder dem Schulfest
- Publikation auf der Jugendseite der Lokalzeitung
- Bereicherung der Klassen-/Schul-Homepage
- Upload auf eine schulexterne Website

3 Oral Presentations

*Der Vortrag
macht des Redners Glück.*

JOHANN WOLFGANG VON GOETHE

Hintergrund

Präsentationen gehören seit langem zu den wesentlichen Kommunikationsformen in der Ausbildungs-, Berufs- und Wissenschaftswelt. Die Fähigkeit, zu einem bestimmten Thema einen längeren mündlichen Vortrag zu halten, ist eine der viel zitierten *soft skills* oder Schlüsselqualifikationen. Im Zuge der Globalisierung verstärkt sich auch die Rolle des Englischen als *lingua franca*, weshalb immer häufiger Präsentationen in Englisch abgehalten werden.

Präsentieren ist eine Schlüsselqualifikation

Angesichts dieser Bedeutung im späteren Arbeitsleben liegt es nahe, den Einsatz von Präsentationen als berufspropädeutische Maßnahme in der Schule zu forcieren. Nicht nur Fachkompetenz sowie Personal- und Sozialkompetenz muss vermittelt werden, sondern auch die Methodenkompetenz der Schülerinnen und Schüler (KLIPPERT 1998). Je versierter sie im methodischen Bereich sind, desto selbsttätiger, planvoller und effektiver können sie lernen und arbeiten.

Dieses Methodentraining ist auch angesichts der festgestellten Defizite in der Sprechkompetenz der Schülerinnen und Schüler ratsam. Sie sind unsicher bei der spontansprachlichen Anwendung gelernter sprachlicher Mittel (vgl. Improvisationen) und haben bei längeren mündlichen Statements offenkundige Probleme. Dies verwundert nicht, da zusammenhängendes Sprechen in der fremden Sprache über mehrere Minuten nur sehr selten in der schulischen Praxis gefordert wird:

Schüler finden sich zu selten in einer Unterrichtssituation vor, in der sie eigenständig in der Lage oder willens sind, Gedanken in größeren Sprechzusammenhängen in der Fremdsprache zu entwickeln. (LUMMEL 2000, 57)

Zwar gibt es seit jeher das traditionelle Referat, aber sein spärlicher Einsatz bleibt oft fortgeschrittenen Jahrgängen vorbehalten und degeneriert nicht selten zu einem monologischen Vortragen von auswendig gelernten Sätzen. Die an amerikanischen Grundschulen bereits früh geübte Tradition des *show and tell* fand nur selten den Weg in deutsche Klassenzimmer.

Begriff

Da Referat und Präsentation oft synonym verwendet werden, soll zunächst eine Bestimmung des Begriffs Referat erfolgen: „Das Referat wird schriftlich ausgearbeitet, aber mündlich vorgetragen." (Esselborn/Wintermann 1980, 58) Hier wird die schriftliche Basis des mündlichen Vortrags betont. In der Unterrichtspraxis verführt diese Definition allerdings viele Schülerinnen und Schüler zu einem Ablesen vorformulierter Aussagen.

Es geht bei einem mündlichen Vortrag aber nicht darum, Gelesenes einfach zu wiederholen oder es nachzuerzählen. Systematisches, sachgerechtes, zielgruppenorientiertes Informieren und Verständlichmachen ist gefragt. Er soll „informieren, problematisieren, auf eine Frage Antwort geben." (Reischmann 1991, 101) Der Referent hat einen Informationsvorsprung gegenüber den Zuhörern und muss die Verantwortung für das Verstehen der Zielgruppe übernehmen (Kuhlmann 1999, 44).

zielgruppen-orientiertes Verständlich-machen

Ziele

Eine Präsentation hat mit Darstellung zu tun und der lateinische Ursprung des Wortes verweist auf ‚Vorstellung'.

> Ziel einer Präsentation muss es sein, Sachverhalte so darzustellen, dass sie anschaulich, verständlich, besser behalten werden. Weitere Aufgaben einer Präsentation sind darüber hinaus, die Zuhörenden zu motivieren, zum Mitdenken und Mitarbeiten anzuregen, zu problematisieren und zur Diskussion aufzufordern.

Auf den gymnasialen Englischunterricht angewendet, verwendet Lummel die Bezeichnung *Sprechhandlungen* für längere mündliche Vorträge. „Die Behandlung eines Themas im Englischunterricht muss den Schüler in die Lage versetzen, eigenständig, verständlich und ausdauernd, d.h. meist mehrere Minuten lang, Englisch sprechen zu können." (Lummel 2000, 57) Diese drei Kriterien für Sprechhandlungen – Eigenständigkeit, Verständlichkeit, Dauer – sind natürlich von Alter, Klasse und Unterrichtssituation abhängig. Er ist aber überzeugt, dass diese mündlichen Vorträge bereits ab dem ersten Lernjahr eingesetzt werden können; so können die Schülerinnen und Schüler nach einem Monat Englischunterricht aufgefordert werden: *Tell us – in about one or two minutes – about your family and where you live.* Sprechhandlungen dieser Art sind nicht gelegentliche spektakuläre Highlights, sondern selbstverständlicher Bestandteil des alltäglichen Unterrichts.

Sprechhandlungen

Unterrichtsgestaltung

Oral presentations stellen eine anspruchsvolle und oft zeitaufwändige Aufgabe dar. Für die Schülerinnen und Schüler bedeutet ein Vortrag *coram publico* nicht nur eine geistige und sprachliche, sondern auch eine emotionale, psychologische und soziale Herausforderung.

> Die Vermittlung des Präsentationsprozesses, die Berücksichtigung der verschiedenen Vortragsdimensionen und das Einüben von Präsentationstechniken sind nötig, will man ihnen mehr Sicherheit und Fertigkeit beim Präsentieren verschaffen.

Phasen der Präsentation

In der folgenden Tabelle sind die verschiedenen Phasen eines längeren Vortrags von der Themenfindung bis zur Bewertung der Präsentation zusammen mit einigen didaktischen Handlungsempfehlungen aufgelistet (vgl. auch HARTMANN u. a. 1995; HIERHOLD 1990; KLIEBISCH/RAUH 1996; KLIPPERT 1996; SCHRÄDER-NAEF 1994; SEIFERT 1995; UHLENBROCK 2001; SCHALLHORN/PESCHEL 2004).

Prozess einer *oral presentation*	
Phasen des Prozesses	**Didaktische Implikationen**
Themenfindung	• Wahl nach Interesse und Vorwissen • Vermeidung eines zu weiten Rahmens • Reflexion über Ziel und Zweck • Entscheidung nach einer Vor-Recherche
Materialbeschaffung	• *Brainstorming* • *Mind mapping* • Informationssuche in Bibliotheken • Recherche im Internet • Durchführung eigener Untersuchungen • Interviews
Materialauswertung	• *Skimming*, schnelles Lesen • PQ4R-Methode (*preview, question, read, reflect, recite, review*) • Sichten und Sortieren • Gewichten der Informationen (Trennen des Unwesentlichen vom Wesentlichen, Streichen) • Verwendung von Hilfsmitteln (Karteikarten, Ordnersysteme etc.) • Festlegung der Struktur (Thesen, Argumente, Beispiele, Ergebnisse, roter Faden) • Finden eines motivierenden Einstiegs

Prozess einer *oral presentation*

Phasen des Prozesses	Didaktische Implikationen
Forts. Material- auswertung	• Integration des Publikums in den Vortrag (Fragen, Aufgaben, Diskussionen, Spiele) • Gestaltung eines klaren Schlusses (Fazit, Rückkehr zur Eingangsfrage) • Zeitmanagement (Gesamtdauer des Vortrags, Redezeit, Zeit für schülerzentrierte Aufgaben, Zeit für Diskussion und Nachfragen, Nachlese)
Mentale Vorbereitung	• Vermittlung der Rolle des Lampenfiebers • Entspannungsübungen im Vorfeld • Progressive Relaxation
Bewusstwerdung der Körpersprache	• Tipps zur offenen Körperhaltung • Übungen zur Verbesserung der Körpersprache • Mimik (Blickkontakt, Blicken standhalten, in die Runde blicken) • Gestik (untermalende, natürliche Gesten) • Motorik (Sitz- und Stehhaltung, Körpereinsatz, Bewegung zu Mitschülern)
Kunst des Vortrags	• Berücksichtigung der vier Verständlichkeitsdimensionen nach Groeben: AIDA (Aufmerksamkeit, Interesse, Definition, Abschluss) • Sinnvoller Medieneinsatz (vgl. unten) • Aktivierung des Publikums • Harmonische Kombination von Methoden, Medien und Sprache • Kompetenz und Performanz in der Fremdsprache • Stimme (Klarheit, Tonlage, Lautstärke, Tempo, Sprechpausen)
Evaluation	• Bewertung der Präsentation und ihrer einzelnen Elemente (vgl. unten)

Die Übersicht macht deutlich, dass es sich bei einer *oral presentation* nicht nur um das Aufschreiben von Informationen handelt, die dann abgelesen werden. Bei kürzeren Präsentationen sind natürlich nicht all diese Phasen einzuhalten. Ein Element, das jedoch stets präsent sein sollte, ist die Visualisierung. Bei einem mündlichen Vortrag wird zwar in erster Linie der akustische Aufnahmekanal angesprochen, doch damit die gesamte Lerngruppe dem Vortragenden und seinen Thesen folgen und die wesentlichen Daten behalten kann, ist die Inanspruchnahme des optischen Kanals ratsam. Visuelle Elemente erleichtern die Vorstellung, Speicherung und Wiedererkennung von Informationen. Sie können von den Schülerinnen und Schülern

Visualisierung

ohne übertriebenen technischen Aufwand und ohne allzu großen Zeiteinsatz relativ leicht realisiert werden.

Da die Visualisierung primär die Funktion einer Verstehenshilfe ausübt, muss den Schülerinnen und Schülern klargemacht werden, dass diese nicht zu kompliziert sein darf, sondern den Grundprinzipien von klarem Aufbau, verständlicher Darstellung, aussagekräftiger Präzision, schneller Erfassbarkeit, zweckdienlichem Einsatz, phasenorientierter Passgenauigkeit und wirkungsvollem Appellcharakter folgen muss.

Da diese Kriterien nicht von allen Lernenden umgesetzt werden können, empfehlen sich einfachere Fragen:
* Welchem Zweck dient die Visualisierung?
* Ist sie zwingend notwendig?
* Wie aufwändig ist sie?
* Können alle in der Gruppe sie erkennen?
* Ist sie einfach, klar und für alle verständlich?
* Stehen räumliche Hindernisse im Weg?

begleitende Visualisierungsformen

Was die Formen von Präsentationen betrifft, lassen sich zunächst zwei Grundtypen unterscheiden: Präsentationen, die einen Vortrag begleitend visualisieren, und *Stand-Alone*-Präsentationen. Zu letzteren zählen die Stellwand/Wandzeitung und die elektronische Präsentation, die sich beide gut für die Darstellung von Projektergebnissen eignen. Da sie selbsterklärend sein sollten und eines mündlichen Begleitvortrags entbehren, werden in der folgenden Übersicht nur die Visualisierungsmedien des ersten Typus samt ihrer didaktischen Merkmale und Handlungsoptionen zusammengefasst.

Formen der Visualisierung	
Visualisierungstypus	Didaktische Faktoren
Tafelbild	• Geringe technische Abhängigkeit • Entstehung während des Vortrags • Interaktive und reversible Entwicklung • Berücksichtigung spontaner Zuhörerbeiträge • Notwendigkeit einer lesbaren Handschrift • Personale Abhängigkeit

Formen der Visualisierung	
Visualisierungstypus	Didaktische Faktoren
Flipchart	• Spontanes Medium • Fixierung aktueller Beiträge • Vgl. Tafelbild
Overhead-Folie	• Verwendung vorgefertigter und/oder (teil-) offener Folien • Möglichkeit spontanen Adressatenbezugs • Anschaulichkeit • Notwendigkeit großer und übersichtlicher Beschriftung • Sparsam-übersichtlicher Einsatz von Farben • Verzicht auf komplizierte Detaildarstellungen
Thesenpapier	• Wiedergabe der zentralen Aspekte des Vortrags • Schriftliche Vorlage für die Zuhörerschaft • Notwendigkeit einer klaren Struktur (Einleitung, Hauptteil, Schluss) • Kunst der Beschränkung • Zeitpunkt der Verteilung: vor dem Vortrag (enge inhaltliche Orientierung des Vortrags an Papier, Verständnishilfe) oder nachher (Zusammenfassung der wichtigsten inhaltlichen Ergebnisse) • Handhabung parallel zum Vortrag keine Selbstverständlichkeit für Zuhörer
PowerPoint-Präsentation	• Computerpräsentation (ppp und ähnliche Formen) • Attraktives Layout • Gute Bildqualität • Verbindung von Text, Sound, Animation und Video • Verlinkung auf Internet-Ressourcen • Leichte Erstellbarkeit • Notwendigkeit von Struktur, Einfachheit und Prägnanz
Internet-Präsentation	• Vgl. Funktionen von PowerPoint-Präsentationen • Präsentation mittels Computer und Video-Beamer • Verfügbarkeit der HTML-Seiten im Internet, offline auf jedem Rechner und in jedem Intranet • Unabhängigkeit von der Computeroberfläche (Windows, Linux) • Aufruf auf jedem Rechner mit Browser

Insbesondere die *PowerPoint*-Präsentation ist allerorten im Vormarsch. Die Apologeten dieses Visualisierungstypus wie beispielsweise Donath führen folgende Argumente ins Feld (www.englisch.schule.de/#Präsentieren):

- Zwang zur Strukturierung des Inhalts vor der Präsentation
- Visuelle Stütze für Zuhörerschaft und Präsentierende bei gleichzeitiger Erläuterung der eigentlichen Inhalte im mündlichen Vortrag
- Schnelle, auszugsweise Übernahme der am Computer erarbeiteten Ergebnisse (Textverarbeitung, Web-Seite)
- Ästhetische Einheit aus grafischen, sprachlichen und multimedialen Elementen
- Präsentationsästhetik als Lernziel (Design, Layout als Diskussionsthema)
- Lernen einer Präsentationsmethode, bei der Computer und Bildschirm funktional eingesetzt werden, die Schülerinnen und Schüler selbst aber im Mittelpunkt stehen

Was schließlich die Anzahl der Präsentierenden angeht, können monologische und multilogische Kommunikationsformen unterschieden werden.

*Einzel- oder
Gruppenvortrag*

In der Regel bereitet ein einzelner Schüler den Vortrag vor und präsentiert ihn anschließend mündlich. Es können aber auch mehrere Personen an den einzelnen Phasen der Gestaltung einer *oral presentation* teilnehmen und so einen Gruppenvortrag machen. Neben einer konventionellen Verteilung der Redeanteile bei solch einem gemeinschaftlichen Vortrag lassen sich auch kreativere Formen vorstellen, etwa ein Gerichtsprozess zu einem aktuellen Fall bzw. in Anlehnung an einen Schulbuchtext oder eine Nachrichtensendung.

Ergebnisse

Angesichts des Mangels an fundierten empirischen Daten sei hier auf eigene Erfahrungen bei der Beobachtung von *oral presentations* zurückgegriffen. Bei vielen Vorträgen war der Inhalt oftmals sehr gut: Die Schülerinnen und Schüler hatten sich gut vorbereitet, fleißig Material gesammelt und eine Vielzahl an Fakten zusammengetragen. Die Informationen wurden meist sachlich korrekt wiedergegeben. Auch zeigte sich, dass Lernende aller Altersjahrgänge durchaus in der Lage sind, über einen längeren Zeitraum in der Fremdsprache zu sprechen.

Inhaltliche Stärke wurde aber oft durch methodische Defizite verwässert und eine mangelhafte Präsentation führte zu starken Qualitätseinbußen.

In den folgenden Feldern zeigen die Schülerinnen und Schüler regelmäßig große Probleme:

- **Kommunikationsform**: Geschriebene Informationen werden nur abgelesen. Aufgeschriebenes kann nicht entziffert werden. Der Kontakt zu den Mitschülern wird nicht gesucht. Der Zeitrahmen wird nicht eingehalten.

Probleme bei der Präsentation

- **Foliengestaltung**: Zu viele Informationen auf einer Folie; Bevorzugung ganzer Sätze statt Stichwörtern; zu kleine Schrift; schwierige Erkennbarkeit durch hintere Reihen; bloße Kopie statt eigener Bearbeitung; geringe Anschaulichkeit; Verzicht auf Farben; keine Hervorhebung des Wichtigen.
- **Foliendarbietung**: Zu viele Folien in zu schnellem Wechsel; keine Harmonie zwischen Folie und Vortrag; Sprechen zur Wand mit dem Rücken zum Publikum; Verdecken der Sicht auf das Bild mit dem eigenen Körper; Bild teils auf der Projektionswand, teils auf der Tafel; Probleme beim Auffinden der nächsten Folie; Weiterlaufen des Projektors bei Leerbild oder bereits besprochener Folie.
- **Thesenpapier**: Keine harmonische Verbindung zwischen Vortrag und Thesenpapier; keine Konzentration auf das Wesentliche; zu lang; mangelnde Beherrschung des Telegrammstils.
- **Tafelnutzung**: Zu geringe Nutzung; kein Anschrieb wichtiger Vokabeln; keine Planung der Tafelaufteilung; Tafelanschrieb von der Vorstunde nicht beseitigt.
- **Körpersprache**: Blick an die Decke, auf den Boden, in das Manuskript; Verengung des Blicks auf einen Mitschüler, eine Raumhälfte; Bevorzugung des Sitzens.

Beurteilung

Oral presentations können ein sehr offenes Unterrichtsverfahren darstellen. Die Schülerinnen und Schüler genießen je nach Art, Dauer und Intention des mündlichen Vortrags mehr oder minder große Freiheit bei der Wahl von:

sehr offenes Unterrichtsverfahren

- Thema
- Inhalt
- Medien
- Methodik
- Sprachlicher Gestaltung

Bei diesem Verfahren wird von einer lehrergelenkten Kommunikation weitgehend abgewichen, indem die Lernenden selbst für eine befristete Zeit in die Rolle der Lehrkraft schlüpfen (vgl. Parallelen zu LdL). Sie müssen lernen, den Sprechvorgang selbstständig zu planen, zu gliedern, auszuführen und aufrechtzuerhalten. Um diese Anforderungen erfüllen zu können, bedarf es natürlich der methodischen Schulung, die aber lerner- und handlungsorientiert vonstatten gehen sollte. „Methoden müssen experimentell im Wege des *learning by doing* eingeübt werden; sie können erfahrungsgemäß nur sehr begrenzt ‚gelehrt' werden." (KLIPPERT 1998, 6)

Schließung
In der Unterrichtspraxis gilt es allerdings drei Tendenzen zur Schließung des kommunikativen Prozesses entgegenzusteuern:

Wenn ein Vortrag Wort für Wort aufgeschrieben und anschließend abgelesen wird bzw. auswendig gelernt und scheinbar frei wiedergegeben wird, kann nicht von einer offenen Kommunikationssituation gesprochen werden. Das andere Extrem des Referats, die freie Rede oder das Denksprechen, erfordert höchste Konzentration, Kompetenz sowie Übung und würde die Fremdsprachenlernenden zweifelsohne überfordern. Für die Schülerinnen und Schüler ist bei einer längeren *presentation* weder der gebundene Vortrag noch das freie Sprechen ratsam, sondern die Methode der **halb-freien Rede** mit Unterstützung durch einen Stichwortzettel. Die Zettel bieten Sicherheit, der rote Faden ist vorgegeben, man kann sich dem Publikum zuwenden. Der Stichwortzettel darf freilich nicht als Tarnung für das Referieren memorisierter Texte missbraucht werden.

Neben der Memorierung stellt die Monologisierung eine weitere Einschränkung von Offenheit dar. Die Schülerinnen und Schüler neigen sehr gerne dazu, den tradierten Merkmalen eines Referats zu folgen und den Stoff lediglich vorzutragen. Den Präsentierenden muss daher immer wieder deutlich gemacht werden, dass die Einbindung des Publikums auch Vorteile mit sich bringt: mehr Lebendigkeit, Abwechslung und Überraschungen.

Plagiatarie
Die mediale Öffnung der Materialbeschaffung birgt die Versuchung zur Plagiatarie. Fertige Referate und Präsentationen können im Web sekundenschnell gefunden und heruntergeladen werden. Als prophylaktische Gegenmaßnahme kann der Hinweis Wirkung zeigen, dass sich auch die Lehrenden digitaler Aufklärungsinstrumente zu bedienen wissen (z. B. Eingabe plagiatsverdächtiger Sätze in die Suchmasken bewährter *search engines*).

Freies oder halb-freies Sprechen über einen längeren Zeitraum stellt eine komplexe Leistung von hohem Anspruch dar, die zusätzlich zur sprachlichen Herausforderung auch eine psychologische und soziale Belastung ist.

Sehr gute Vorbereitung in Bezug auf Arbeitsverfahren, Kommunikationsstrategien und Entlastungstechniken ist nötig, wobei die Vermittlung
auch die Einübung miteinzuschließen hat.

So muss beispielsweise eine Kombination aus *note-taking* und *read-and-
look-up* mehrmals im Unterricht praktiziert werden. Auch die optisch an-
sprechende und effektive Gestaltung der verschiedenen Visualisierungsmedien bedarf der Übung. Die Vortragsart und Anschaulichkeit der Präsentation dürfen nicht vernachlässigt werden. Eine Reduzierung auf das
gesprochene Wort unter Ausklammerung von informativen Handouts und
illustrierendem Bild- und Tonmaterial ist nicht angebracht.

Gleichwohl muss den Schülerinnen und Schülern deutlich gemacht werden, dass ein übermäßiger Einsatz verschiedener Visualisierungsformen
die Präsentation zur effektheischenden Multimediashow degenerieren lässt.
Was *per se* einsehbar ist, braucht nicht zusätzlich visualisiert zu werden; ein
Zuviel an Visualisierung stiftet Unübersichtlichkeit und Verwirrung; aufwändiges Material kann die Aufmerksamkeit zu sehr vom Inhalt abschwei-
fen lassen – *less is more*.

Dies gilt auch für die populären *PowerPoint*-Präsentationen. Visuelles
Talmi darf nicht gehaltliche Substanzlosigkeit übertünchen, geistige und
sprachliche Dürftigkeit nicht durch elektronisch flackernden Bühnenhin-
tergrund kompensiert werden, ästhetische Perfektion nicht prometheische
Scham evozieren, z. B. die Verstummung des Menschen vor der Perfektion
seiner Artefakte. Schließlich gilt auch hier: *content is king*.

Bei der abschließenden Evaluation einer *oral presentation* kann man sich   *Evaluation*
an den Prozessphasen oder an den folgenden sechs Kriterien orientieren:

• Inhalt: sachliche Richtigkeit, Informationsgehalt, Schwierigkeitsgrad,
  Verständlichkeit, Selbstständigkeit, Umfang
• Struktur: Klarheit, Übersichtlichkeit, Zweckmäßigkeit
• Sprache: Fremdsprachenkompetenz (Phonetik, Lexis, Idiomatik, Gram-
  matik, Kohärenz, Kohäsion, Adäquatheit, Kommunikativität)
• Visualisierung: Zielorientierung, Anschaulichkeit, Verständlichkeit,
  Funktionalität des Präsentationsprogramms
• Design: Layout, Einheitlichkeit, Verhältnis Inhalt – Form
• Vortragstechnik: halb-freie Rede, Klarheit, Verständlichkeit, non-verbale
  Kommunikationsparameter

Wie diese sechs Kriterien inhaltlich weiter aufgefüllt und gegeneinander
gewichtet werden, kann natürlich von der jeweiligen Lehrkraft (oder dem
Fachbereich einer Schule) diskutiert und entschieden werden.

4 Discussions

Nicht Sieg
sollte der Zweck der Diskussion sein,
sondern Gewinn.

JOSEPH JOUBERT

Hintergrund

Diskussionen hat es schon immer gegeben – von den rhetorisch geschliffenen Verbalduellen in der antiken Polis bis zu der profilneurotisch-banalen Nabelschau berüchtigter TV-Talkshows im modernen Medienzeitalter. Man findet sie in wissenschaftlichen Diskursen und politischen Streitgesprächen, auf Betriebsversammlungen und am Familientisch, im Freundeskreis und am biergeschwängerten Wirtshaus-Stammtisch. Die Lust am mündlichen Austausch von Meinungen ist zeitlos und allgegenwärtig.

Die Notwendigkeit zum Diskutieren wird in den verschiedenen wissenschaftlichen Disziplinen explizit gefordert oder zumindest implizit vorausgesetzt, z. B. in der Rezeptionsästhetik, im postmodernen Diskurs, in Poppers offener Gesellschaft. Und die besten jugendlichen Debattierer treten in staatlich geförderten Wettbewerben gegeneinander an und werden vom Bundespräsidenten ausgezeichnet.

Communicative Language Teaching

Im fremdsprachendidaktischen Diskurs hat der Paradigmenwechsel zu *Communicative Language Teaching* der *discussion* zu großer Bedeutung verholfen. Während die audiolinguale Methode kontrollierte Übungen zwecks fehlerfreier Beherrschung von Strukturen in den Vordergrund stellte und das ungesteuerte Sprechen auf spätere Lernstufen hinausschob, ermuntert der kommunikative Sprachunterricht das freie Sprechen von Anfang an. Es gilt hier: *message before form, communication before mastery, fluency before accuracy.*

Begriff

Eine *discussion* kann allgemein als multilogischer mündlicher Meinungsaustausch in der Zielsprache definiert werden.

UR meint, "the most natural and effective way for learners to practise talking freely in English is by thinking out some problem or situation together through verbal interchange of ideas." (UR 1982, 2) Sie bestimmt diese mündliche Interaktion in einem sehr breiten Rahmen, der sich von einfachen

Frage-Antwort-Ratespielen über rollenspielartige Situationserkundungen bis hin zu abstrakten philosophischen Debatten erstreckt.

Ziele

Die primäre Intention einer *discussion* liegt in der Verbesserung der mündlichen Sprachkompetenz, dem Training im freien Sprechen, der Steigerung der Flüssigkeit im Gebrauch der Fremdsprache.

> "Discussions or discussion-games are the best vehicle for fluency practice in a foreign language." (UR 1982, 24)

Neben diesem Hauptziel werden noch weitere Nebenziele angesteuert (UR 1982, 3; GEDICKE 2003, 24):
- Erreichung des Diskussionsziels (z. B. Lösung eines Problems)
- Vertiefung von Lerninhalten (z. B. Erwerb neuer Informationen)
- Erwerb von Diskussionsstrategien (z. B. logisches Denken, Debatierfertigkeiten)

Unterrichtsgestaltung

Mit *Diskussionen* assoziiert man ungesteuertes Reden, lockeren Meinungsaustausch und zwanglose Atmosphäre. Dennoch weisen zielsprachige *discussions* eine Organisationsstruktur auf, die in verschiedene Phasen gegliedert ist, deren zeitlich-inhaltliche Festlegung jedoch sehr unterschiedlich sein kann (UR 1982, 18 ff.). Die folgende Tabelle stellt vier Phasen mit ihren entsprechenden Funktionen und Handlungsanweisungen dar.

Phasen der Diskussion

Phasen einer *discussion*	
Phase	**Didaktischer Kommentar**
1. Einleitung	• Stellung des Themas/der Aufgabe • Aufgabenstellung vor der Gruppeneinteilung und Materialverteilung • Klare, präzise Anweisungen • Möglichkeit eines Probelaufs
2. Diskussionsprozess	• Austausch der Meinungen • Rollenzuweisungen an Gruppenmitglieder • Festlegung einer organisatorisch-chronologischen Strategie • Einhaltung von Diskussionsregeln

Phasen einer *discussion*	
Phase	**Didaktischer Kommentar**
Forts. 2.	• Lehrer als Initiator, Diskussionsleiter (und Diskussionsteilnehmer) sowie Beobachter • Vermeidung von unergiebigen Exkursen • Verwendung der Zielsprache • Ermunterung zu gestreuter Partizipation
3. Ende	• Zusatzaufgaben für schnelle Gruppen • Flexibler versus strikter Umgang mit Zeitlimits
4. Feedback	• Bewertung der Ergebnisse • Bewertung des Prozesses • Bewertung des Sprachgebrauchs • Gefahr des Aufmerksamkeitsabfalls

Was die Sozialform betrifft, findet eine *discussion* im Regelfall im Klassen-
plenum statt. Die Aufteilung einer großen Klasse in Diskussionsgruppen
von zwei bis sechs Teilnehmenden hat allerdings vor allem den Vorteil er-
höhter Sprechzeiten für alle Schülerinnen und Schüler. In der vierten und
letzten Phase können die Diskussionsergebnisse der Kleingruppen dann
wieder im Plenum integriert werden. Um Abwechslung in die Gruppenor-
ganisation zu bringen, stehen mehrere Strukturvarianten zur Verfügung
(KLIPPEL 1984, 9):

- *Buzz group*
- *Fishbowl*
- *Hearing*
- *Market*
- *Network*
- *Onion*
- *Star*

In den letzten 25 Jahren wurden genügend Ideen für Diskussionen im
Englischunterricht entfaltet (besonders UR 1982 und KLIPPEL 1984 – auch
BYGATE 1987; FRANK u. a. 1981; GEDICKE 2003; HADFIELD 1992; MALEY/GRELLET
1981; NOLASCO/ARTHUR 1987; WEBSTER/CASTANON 1980; WRIGHT u. a. 1979). UR
(1982) gliedert ihre *task-centred discussions* grob in *brainstorming activities*,
organizing activities und *compound activities*. KLIPPEL (1984) zählt zu ihren
discussions besonders *ranking, thinking strategies, solving problems, clarify-
ing values* und *playing games*, wobei man bei einer breiten Bestimmung des
Begriffs *discussion* noch weitere Formen (z. B. *guessing, jigsaw, interview,
questioning*) dazu nehmen könnte. Die folgende Tabelle stellt einige be-

Sozialform

kannte Diskussionsformen zusammen, die sich auch bei eigener Erprobung bewährt haben; dabei wird organisatorischer Konfigurationstypus und geistige Fertigkeit kombiniert und an je einem Beispiel illustriert.

Diskussionsformen

Formen von *discussion*

Soziale Konfiguration	Kognitive Fähigkeit
Pyramid discussion Schülerinnen und Schüler diskutieren zunächst allein, dann zu zweit, zu viert, zu acht … in der ganzen Klasse zum gleichen Thema.	*Ranking* Which is more important in life: a) love and friendship b) money and luxury c) fun and free time d) knowledge and wisdom?
Role-play competition Zwei Schülerinnen und Schüler diskutieren, die übrigen beobachten und entscheiden am Ende.	*Playing a mad discussion game* Pupil A gets an object (e. g. pizza), pupil B gets another (e. g. flower). Each has got two minutes to argue which is more important.
Zipper technique Die Schüler bilden zwei Kreise, wobei sich jeweils zwei Schüler gegenüber sitzen. Wie bei einem Reißverschluss (Kugellager) wechseln sie in bestimmten Intervallen ihre Partner.	*Thinking creatively* The teacher presents a personal problem situation, and the pupils have to suggest various ways of dealing with this problem. Facing new partners may help to find more original ideas.
Buzz group Vor der Erörterung eines Problems in der Klasse wird es zunächst in Kleingruppen diskutiert.	*Exchanging views* Before a current (political, cultural) problem is discussed in class, pupils exchange their opinions in groups of three.
Star Im Anschluss an die Diskussion in den Gruppen tauschen die Gruppensprecher die Ergebnisse aus; die übrigen Schüler sind dann Beobachter.	*Agreeing* In groups pupils try to agree on how to spend the money in the class box. The speakers of the groups then have to reach a compromise in a second round of discussion.
Fishbowl Die Schülerinnen und Schüler sitzen in zwei konzentrischen Kreisen. Der Innenkreis diskutiert, der Außenkreis beobachtet (und fasst die Ergebnisse zusammen).	*Hiding, detecting and arguing* Three pupils in the inner circle agree on a secret topic and start discussing. Anyone in the outer circle who thinks he or she knows what they are talking about joins in their conversation.

Formen von *discussion*	
Soziale Konfiguration	**Kognitive Fähigkeit**
Market Die Schülerinnen und Schüler wandern frei im Klassenzimmer umher und wechseln auf ein Signal hin ihre Gesprächspartner.	*Guessing* Pupils wander freely in the classroom guessing and trying to find out the various partners' hobbies (favourite places, aims in life).

Ergebnisse

In den zahlreichen Übungssammlungen, Handbüchern, *resource books* und Praxisbeiträgen (vgl. oben) finden sich vereinzelt auch *en passant* Bemerkungen über die Erfahrungen mit Diskussionen im konkreten Unterrichts-einsatz. Dabei wird immer wieder betont, dass diese Formen der Kommunikation eine notwendige Ergänzung zu eher formorientierten Sprach-übungen darstellen. Es wird darauf verwiesen, dass sich oft lebhafte Gespräche mit interessanten Beiträgen entwickeln, die Bildung von Klein-gruppen zu einer breiteren Mitarbeit und der Aktivierung auch zurückhal-tender Schülerinnen und Schüler führt und *discussions* grundsätzlich zur Verbesserung der *fluency* beitragen.

notwendige Ergänzung zu formorientierten Sprachübungen

In der Unterrichtspraxis tauchen aber auch – neben den bekannten Phä-nomenen wie Lautstärke oder Rückfall in die Muttersprache – folgende Probleme regelmäßig auf:

- Weitgehende Beschränkung der Partizipation auf zwei oder drei Schüle-rinnen und Schüler *(three-man show)*
- Redeunlust trotz subjektiv relevanter Thematik (Abwehr des Eingriffs in die Privatsphäre)
- Schleppender Diskussionsverlauf (Notwendigkeit starker Intervenierung der Lehrkraft)
- Erlahmung der Diskussionsfähigkeit nach kurzer Zeit *(petering out)*
- Ergebnislosigkeit und Beliebigkeit (Abschweifungen, Verzicht auf Fazit)

Eine Umfrage – allerdings unter fortgeschrittenen thailändischen Eng-lisch-Studenten – zeigte eine hohe Akzeptanz von "free conversations on different topics" bei den Lernenden: Jeweils 41 % schätzten freie Diskussio-nen als ausgezeichnet bzw. gut ein – hauptsächlich "because they make them think." (Courtney 1996, 57)

Beurteilung

Die Verwendung von *discussions* kann ein wirksames Instrument zur Förderung der mündlichen Sprechfertigkeit darstellen. Als äußere Zeichen dieser Effektivität mögen dabei Motivation, Zielbezug und Partizipation betrachtet werden, z. B. viele Schülerinnen und Schüler beteiligen sich möglichst aufmerksam, engagiert, lebhaft und zielführend an der Diskussion. Dazu sind aber bestimmte Voraussetzungen wie Themenorientierung, Aufgabenorientierung, Diskussionsrahmen und Variation vonnöten:

Voraussetzungen für gelungene Diskussionen

Zielorientierung bedeutet, dass ein interessantes, kontroverses Thema gefunden werden muss, das möglichst viele Lernende persönlich anspricht. Mitunter wirkt allerdings ein kontroverses Thema auch kontraproduktiv, weil sich manche Heranwachsende über persönlich bedeutsame Angelegenheiten nicht *coram publico* auslassen wollen.

Diesen Gefahren lässt sich durch eine konsequente **Aufgabenorientierung** vorbeugen.

"The crux is not what to talk about, but why you need to talk about it."
(Ur 1982, 5)

Ein Grund zum Sprechen erhöht die Motivation zum Sprechen. Wenn eine Aufgabe nur in verbaler Interaktion zu erreichen ist, wird der mündliche Austausch bereitwilliger und ernsthafter unternommen.

Ein zielgerichteter Gebrauch der Fremdsprache bedarf auch eines förderlichen **Diskussionsrahmens**. Dazu gehört zunächst eine positive Klassenatmosphäre, in der Diskussionsregeln toleriert und Personen respektiert werden. Darüber hinaus sind Vorkehrungen für die inhaltliche und sprachpraktische Diskussionskompetenz zu treffen, was durch *brainstorming*-Aktivitäten, die Zusammenstellung von Wortfeldern, die Einübung in das Diskussionsvokabular und die Vermittlung entsprechender Arbeitstechniken (z. B. *note-taking*) erfolgen kann.

Damit *discussions* auch bei wiederholtem Einsatz keine Abnutzungserscheinungen auftreten lassen, empfiehlt sich eine **methodisch-organisatorische Variation**. Diese kann unterschiedlich erfolgen:

- Sozialform (Plenum oder Kleingruppe)
- Gruppenkonfiguration (*fishbowl* oder *market*)
- Kognitive Ausrichtung (*brainstorming an idea* oder *organizing a problem*)
- Unterrichtliche Anbindung (Einstieg oder Stundenzentrum)
- Zeitliche Festlegung (fixe Vorgabe oder offenes Ende)

- Materialien (*handouts* oder *material-free*)
- Rolle des Lehrers (aktiver Teilnehmer oder helfender Beobachter)

Offenheit

An diesen Parametern lässt sich auch die Möglichkeit erkennen, *discussions* unterschiedlich offen zu gestalten. Grundsätzlich können sie die Schülerinnen und Schüler dazu anregen, die fremde Sprache kreativ zu verwenden. Auch wenn ein Thema oder eine Aufgabe von der Lehrkraft vorgegeben wird, besitzen sie genügend Freiraum für deren Ausführung. Wie sie interagieren, welche sprachlichen Mittel sie benutzen, zu welchen Resultaten sie gelangen, ist nicht vorherzusagen. Viele Aufgaben und Themen berühren die Lernenden selbst, ihre Ideen, Gedanken und Gefühle.

Deshalb sollten *discussions* nicht nur als "fillers and frills on the odd Friday afternoon" (KLIPPEL 1984, 6) zum Einsatz kommen.

5 Improvisations

Learners never choose what to say,
they simply work out how to say
what they are told to say.

GEOFF THOMPSON

Hintergrund

Die im Sinne der Chomskyanischen Kompetenz angestrebte Fähigkeit, unbe-
grenzt viele wohlgeformte Sätze bilden zu können, lässt in den Schulen nur
wenig kommunikative Risikobereitschaft bei den Lernenden aufkommen.

(KIEWEG 2000, 4)

Obwohl dieses Kompetenzideal im Alltag eine geringe Rolle spielt, vielmehr „das mündliche ‚Miteinander-Kommunizieren-Können' … die Schlüsselqualifikation schlechthin" (KIEWEG 2000, 4) ist, pflegt der Unterricht weiterhin eine Geringschätzung des Sprechens und eine Bevorzugung der Schriftlichkeit (Zeugnisse, Abschlussprüfungen, Staatsexamina).

Bevorzugung der Schriftlichkeit

Eine Antwort auf das Problem der Mündlichkeit stellen die Improvisationen dar, die KURTZ als interaktive Lernarrangements zur Förderung der Sprechhandlungsfähigkeit im Fremdsprachenunterricht entwickelt, getestet und ausgewertet hat (1997a; 1997b; 1998; 2001). Als Vorläufer dieses Verfahrens können …

- das Stegreifspiel im neusprachlichen Arbeitsunterricht,
- das britische *classroom drama*,
- das anglo-kanadisch-amerikanische Improvisationstheater und
- die globale Theatersportbewegung

angesehen werden.

KURTZ reagierte mit seinen Improvisationen auf seit langem bekannte **Defizite in der Alltagspraxis** des Fremdsprachenunterrichts (KURTZ 2001, 23 ff.):

- Uniformität der Sprechhandlungsprozesse:
  Lehrerfrage – Schülerantwort – Lehrerfeedback
- Dominanz der Lehrbucharbeit
- Mangel an Erlebnisqualität
- Fokus auf *accuracy*

KURTZ geht auch von einer anderen Lerntheorie aus. Er kritisiert die auf dem Konstruktivismus basierende mentalistisch-individualistisch orientierte Theorie des Lernens, die das autonom handelnde Individuum ins Zentrum rückt. Die Einseitigkeit dieses Paradigmas will er durch eine Figu-

Figurationstheorie rationstheorie des Lehrens und Lernens überwinden, welche die komplexen Beziehungen zwischen den Lernenden (und Lehrenden) miteinbezieht. Der Lehrkraft fällt hier die Aufgabe zu, möglichst lernförderliche Beziehungsfigurationen zu gestalten und dem dialogischen Sprechen genügend Entfaltungsraum zu geben (KURTZ 2001, 105 ff.).

Begriff

> „Eine Improvisation ist eine aufgabengebundene zielsprachige Stegreifaktivität, die dazu beitragen soll, die produktive mündliche Kommunikationsfähigkeit zu verbessern bzw. die fremdsprachliche Sprechhandlungsfähigkeit zu erweitern."
> (KURTZ 1997a, 87)

Die Schülerinnen und Schüler sollen lernen, mithilfe aller verbalen und non-verbalen Kommunikationsmittel ungewohnte Situationen zu interpretieren, spontane Entscheidungen zu treffen und situationsadäquates Sprachhandeln auszuführen. Als Motto könnte gelten:

"Use what you know. Learn what you can. Make up the rest as you go along." (KURTZ 1997a, 87)

Ziele

Mit dem Einsatz von Improvisationen werden verschiedene am Sprachhandeln orientierte Ziele angestrebt (KURTZ 1997a; 1997b; 1998; 2001):
- Verbesserung der zielsprachigen Aktualisierungskompetenz (Aussprache, Wortschatz, Grammatik)
- Steigerung der Flexibilität in der Fremdsprache
- Vorbeugung gegen situative Sprechhemmungen
- Eröffnung individueller Entscheidungsspielräume
- Aufbau eines echten Kommunikationsbedürfnisses
- Erprobender Zugang zum zielsprachigen Sprechhandeln
- Wecken von Neugierde, Fantasie
- Lernen in attraktiven, humorvollen Szenarien
- Langfristige Sicherstellung des Lernerfolgs

Die Auflistung dieser Intentionen zeigt schon, warum „Simulationen, Planspiele und szenische Darstellungen von Lehrbuchdialogen im gebundenen Rollenspiel" (KURTZ 2001, 128) nicht als Improvisationen akzeptiert werden. Mit ihren kalkulierbaren Merkmalen, sprachlichen Vorentlastungsphasen und vorstrukturierten Situationen führten sie nicht zu spontansprachlichem Handeln in lebensechten Situationen.

Unterrichtsgestaltung
Die konkreten Improvisationen können nach der Aufgabenstellung grob in drei Kategorien eingeteilt werden (KURTZ 2001, 136 ff.):

drei Kategorien von Aufgabenstellungen

- Ausgestalten von Sprechhandlungsrahmen
- Entfalten von Sprechhandlungsplattformen
- Verfremden von Handlungsszenarien

Neben dem Ausgestalten, Entfalten oder Verfremden treten zwei weitere Faktoren. Die Handlungsfiguration bezieht sich darauf, welche und wie viele Figuren und Objekte miteinander agieren. Als Sprechimpuls kommen verbale und/oder non-verbale Auslöser von Sprechhandeln in Frage. All diese Parameter werden in eine Matrix eingebunden, anhand derer KURTZ neun verschiedene Improvisationen entwickelt.

So dürfen bei dem inzwischen berühmtesten Beispiel *Bus Stop* (KURTZ 1997a; KURTZ 2001, 140 ff.) zwei Figuren mithilfe einer Pralinenschachtel (Handlungsfiguration), ausgehend von einer schriftlichen Initialäußerung auf einer Karte (Sprechimpuls), ein Gespräch an einer Bushaltestelle kreativ fortführen (Aufgabe: Ausgestaltung eines Handlungsrahmens).

Was die **chronologische Struktur** einer Improvisation betrifft, wird auf eine vorbereitende Phase bewusst verzichtet. Eine unmittelbare Vorbereitung auf die Stegreifaktivitäten würde Sinn und Zweck einer Improvisation konterkarieren, da ja spontansprachliches Handeln angestrebt wird. Am Ende einer jeden Improvisation steht eine Phase der Reflexion, in der das kommunikative Handeln nachträglich aufgearbeitet wird. Dadurch soll eine Beschränkung auf inzidentelles Lernen vermieden und intentionales Lernen gewährleistet werden. Diese gemeinsame Reflexion darf sich allerdings nicht nur auf die Korrektur sprachlicher Fehler beschränken, sondern sollte auch inhaltlich und pragmatisch gelungene (und misslungene) Sequenzen aufgreifen. Eine akustische oder audiovisuelle Aufnahme der Improvisation verleiht dieser letzten Phase noch mehr Ergiebigkeit.

Ergebnisse

Neben der empirischen Überprüfung aller von ihm entwickelten Improvisationen hat Kurtz (2001, 195 ff.) besonders drei Varianten – in unterschiedlichen Schulformen und Jahrgangsstufen – intensiv erforscht:

- Die 5. Klasse einer Gesamtschule setzte sich an den *Bus Stop*.
- Die 7. Klasse einer Realschule war in *The Chase* involviert.
- Die 9. Klasse eines Gymnasiums traf auf ein *Surprise Encounter*.

Die drei Sprechsituationen stellten sich als echte Herausforderungen dar, welche die Schülerinnen und Schüler weitgehend bereitwillig annahmen. Sie waren mit sprachlichen, emotionalen und sozialen Anstrengungen verbunden und zeigten ihnen die Grenzen sprachlicher Ausdrucksfähigkeit auf. Die Asymmetrie in den Lehrer-Schüler-Beiträgen wurde großteils überwunden.

> Es ergab sich eine „Vervielfachung nicht nur der Schüleräußerungen insgesamt, sondern insbesondere der initiativ-produktiven Schüleräußerungen." (Kurtz 2001, 241)

Tendenzen zur fremdsprachlichen Minimalisierung

Allerdings zeigten sich Tendenzen zur fremdsprachlichen Minimalisierung. Es war nicht zu überhören, dass die Äußerungen der Lernenden einem ziemlich restringierten Code entstammten. Auch die Häufigkeit phonetischer, intonatorischer, lexikalischer und struktureller Fehler erwies sich insgesamt höher als in den Lehr- und Lerndialogen des traditionellen Englischunterrichts. Ob Improvisationen zu einer nachhaltigen Verbesserung der spontansprachlichen Handlungskompetenz führen, lässt sich angesichts des synchronen Forschungsdesigns nicht definitiv beantworten.

Die Lehrerinnen und Lehrer hatten auch die Möglichkeit, die durchgeführten Improvisationen zu evaluieren. Sie zeigten sich überzeugt davon, dass dieses Verfahren durchaus das freie Sprechen der englischen Sprache langfristig fördern kann, warnten aber vor einem übertriebenen Einsatz mit der Gefahr schneller Abnutzung (Kurtz 2001, 253).

Beurteilung

Improvisationen im Kurtz'schen Sinne gehören eindeutig zu den offenen Lernarrangements. Vergleicht man sie mit den ähnlich orientierten Verfahren des Rollenspiels und der Simulation, die ebenfalls freies Sprechen avisieren, können die Schülerinnen und Schüler bei einer Improvisation in der Tendenz spontaner, kreativer und flexibler mit den sprachlichen und außersprachlichen Mitteln umgehen. Es wird tendenziell ein lebendiger Gedankenaustausch gefördert, dessen Verlauf und Ausgang offen sind.

> Wenn BYRNE an schülerorientierten Fremdsprachenunterricht drei Bedingungen knüpft, z. B. "to use language freely, because they offer an element of choice; to use language purposefully, because there is something to be done; and to use language creatively, because they call for imagination" (1986, 115), dann erfüllen Improvisationen mindestens zwei Kriterien, die auch als Parameter offenen Unterrichts gelten können. Schülerinnen und Schüler machen freien Gebrauch von den fremdsprachlichen Mitteln, die sie in kreativer Weise der jeweiligen Situation anpassen können.

Gleichwohl sind Improvisationen nicht gänzlich offen und unkontrolliert. Drei Steuerungsimpulse (Aufgabenstellung, Handlungsfiguration, Sprechimpuls) bilden einen Rahmen, in dem sich das spontansprachliche Handeln entfalten kann. Diese drei Faktoren geben die Richtung an, ohne individuelle Bewegungen zu unterbinden. So gibt beispielsweise die Kommunikationsaufgabe das Handlungsziel an, lässt aber Weg und Verlauf zu diesem Ziel offen.

drei
Steuerungsimpulse

Dass eine derart offene Kommunikationssituation Probleme in sich birgt, wird an dem defizitären Sprachumsatz erkennbar. Es ist eine Tendenz zur zielsprachigen Minimalisierung mit einer sprachlichen Reduzierung auf das Notwendigste festzustellen. Diese Restringierung ist aber nicht primär dem Wesen der Improvisation anzulasten, sondern erscheint vielmehr als logische Konsequenz aus der Dominanz ritualisierter Interaktionsschemata im eng gesteuerten lehrer- und buchdominierten Unterricht. Daraus ergibt sich die Notwendigkeit wiederholten Trainings, um die einseitige Gedanken- und Gesprächssteuerung durch die Lehrenden zu durchbrechen und den sprachlichen Output der Lernenden zu öffnen – von einem *teacher-initiated modifying of output towards formal correctness* zu einem *self-initiated modifying of output towards mutual understanding* (KURTZ 2001, 254).

Eine entscheidende Rolle spielt bei diesem Training selbstredend die Lehrkraft, die mit pädagogischem Geschick und didaktischem Feingefühl für eine entspannt-anregende Kommunikationsatmosphäre zu sorgen hat. Gleich einem Lotsen – um die von KURTZ wiederholt verwendete Metapher aufzugreifen – muss sie die (Sprach-) Reisenden durch (emotionale, soziale und sprachliche) Klippen steuern und Hindernisse für einen störungsfreien

Lehrkraft als Lotse

(Sprach-)Fluss beiseite räumen. Dieser Lotse stellt nicht ein Abbild des Kapitäns vom Traumschiff dar, der seiner privilegierten Klientel auf kontrollierten Routen konfliktlose Entspannung beschert. Ebenso wenig ist er ein Nachfahr des disziplinversessen-furchteinflößenden Captain Bligh von der Bounty, der meuternde Matrosen sprich redeunwillige bzw. -unfähige Schülerinnen und Schüler autoritär sanktioniert. Eher ähnelt er schon dem Chris de Burgh'schen Fährmann, dessen Inanspruchnahme den Reisenden in eine ungewisse Zukunft mit bisweilen unberechenbaren Wagnissen führt (*Don't pay the ferryman until he gets you to the other side*).

Entwicklung spontansprachlicher Handlungskompetenz

Auch der kommunikative Alltag steckt voller Imponderabilien. Ständig werden wir mit neuen Situationen konfrontiert, in denen wir unvorbereitet und schnell handeln müssen. Die Entwicklung spontansprachlicher Handlungskompetenz in der Fremdsprache erscheint vor diesem Hintergrund als natürlicher Schritt auf dem Weg zu allgemein größerer Lebensoffenheit.

6 Narrow Listening

I like to listen.
I have learned a great deal from listening carefully.
Most people never listen.

ERNEST HEMINGWAY

Hintergrund

Die Technik des *Narrow Listening* beruht auf den Erfahrungen des Angewandten Linguisten STEPHEN KRASHEN, die er beim Erwerb der spanischen Fremdsprache in Mexiko machte (1995). Mit seiner beschränkten Sprachkompetenz fragte er seine verschiedenen Gesprächspartner unablässig zu ihrer Meinung über ein ihn persönlich interessierendes Thema (den spanischen Eroberer CORTEZ) und stellte dabei fest, dass er zunehmend mehr verstand. Später nahm er ein Tonbandgerät mit und bat den Partner um ein zwei- bis dreiminütiges Interview. Diese Aufnahmen hörte er sich während langer Autofahrten immer wieder an, wodurch sich eine kontinuierliche Verbesserung seiner spanischen Sprachfertigkeiten ergab.

Narrow Listening zeigt auch eine gewisse Analogie zu *Narrow Reading* (KRASHEN 1981, zit. nach KRASHEN 1995, 97), bei dem man sich auf das Werk eines einzigen Autors konzentriert oder sehr viel über ein spezielles Thema liest. Vereinzelte empirische Belege weisen darauf hin, dass das Interesse an und die Vertrautheit mit einem Autor/Thema das Verständnis des Gelesenen erleichtert.

Eine weitere Verbindungslinie führt zum Rezeptionsverhalten von Kindern beim **Hören von Geschichten**. Sie wollen ein und dieselbe Geschichte immer wieder hören, obwohl sie diese eigentlich schon kennen müssten. Anscheinend verspüren sie keine Langeweile, weil sie jedes Mal etwas Neues entdecken. Zudem verschafft ihnen das wiederholte Hören Sicherheit und Geborgenheit (SMITH 1985, zit. nach KRASHEN 1995, 98).

Begriff

Beim *Narrow Listening* sammelt der Lernende mehrere kurze Tonaufnahmen von Muttersprachlern oder anderen sehr guten Sprechern, die sich zu einem Thema äußern, das den Lernenden interessiert (KRASHEN 1995, 97; DUPUY 1999, 352). Er hört sich dann den Text so oft an, wie er will. Allmählich wechselt er zu anderen Themen und wiederholt die Prozedur.

Tonaufnahmen

Ziele

comprehensible input

Dieses Vorgehen beruht auf mehreren Theorien der Spracherwerbsforschung. Zunächst erhalten die Schülerinnen und Schüler viel *comprehensible input*, wobei das zu verarbeitende Sprachmaterial durch Wiederholung, Themenvertrautheit und Selbstauswahl verständlich gemacht wird. Außerdem können sie ihrem eigenen Tempo folgen. Zudem findet der Erwerbsprozess in einer stressfreien Atmosphäre statt, da Anweisungen und Fragen der Lehrkraft nicht stattfinden. Und schließlich müssen die Lernenden selbst Verantwortung übernehmen für ihren Erwerbsprozess.

> *Narrow Listening* erhebt deshalb den Anspruch, das Hörverstehen speziell und den Spracherwerbsprozess generell besonders bei Anfängern und Personen mit mittleren Sprachkenntnissen auf einfache, selbstbestimmte und motivierende Weise effektiv zu fördern.

Unterrichtsgestaltung

Um dieses Potenzial zu nutzen, müssen mehrere Schritte gegangen werden:

(1) Zunächst bedarf es der Festlegung eines **Themas** des Interviews; bei KRASHEN waren es Familienhintergrund, Schlaf, Musik, Sprache, Kaffee und Zigaretten, Geister.

▼

vier Schritte

(2) Sodann können auf einer Karte einige **Teilaspekte** dieses Themas vermerkt werden, an denen sich der Interviewte orientieren kann. DUPUY (1999, 357 f.) hat solche *prompts* in der Form von Leitfragen für verschiedene Themen (*travel, food, house, environment, media, music, books*) zusammengestellt, um die Sprecher nicht unvorbereitet mit der Bitte um eine Aufnahme zu konfrontieren.

▼

(3) Danach gilt es, ***native speakers*** zu finden, die bereit sind, ein Statement für den Rekorder abzugeben.

▼

(4) Diese **Aufnahme** hört man sich schließlich nach Belieben an, bis man zu einem neuen Thema wechselt.

Was den Anwendungskontext betrifft, lässt sich *Narrow Listening* vornehmlich im privaten Bereich, aber auch im schulischen Kontext durchführen.

Ob beim Autofahren, beim Spazierengehen, vor dem Schlafen oder während anderer Aktivitäten – die Technik kann als Form des Selbstlernens variabel eingesetzt werden.

Im schulischen Bereich ist an die Bereitstellung geeigneter Kassetten im Sprachlabor/Medienraum zu denken, wo sich die Schülerinnen und Schüler die passenden Kassetten ausleihen und mit den vorhandenen Tonabspielgeräten anhören. Eine entsprechende Sammlung von Kassetten kann auch Bestandteil der Klassenbibliothek sein. Will man diese Methode intensivieren, könnte jedes Klassenmitglied aufgefordert werden, eine bestimmte Anzahl an Interviews aufzunehmen.

Ergebnisse

Beim Begründer funktionierte diese Technik anscheinend sehr gut: "Narrow listening is fairly low-tech, inexpensive, and pleasant and, according to my experience, very effective. It is also an easy way to get to know speakers of other languages." (KRASHEN 1995, 100)

Diese sehr positive Einschätzung mag auch damit zusammenhängen, dass er verschiedene unterstützende Mittel für *comprehensible input* benutzte. Er fragte spanische Muttersprachler nicht nur nach persönlich bedeutsamen Themen, sondern er reduzierte die inhaltliche Komplexität durch die Lektüre von Hintergrundberichten in der Muttersprache, er befragte zum selben Thema verschiedene Sprecher und Sprecherinnen, und er wechselte nach dem Abflauen des Interesses an einem Thema nicht zu einem völlig anderen, sondern verwandten Thema.

Empirische Überprüfungen von Krashens persönlichen Erlebnissen sind schwer zu finden. DUPUY erwähnt eine Studie, an der 1994/95 25 College-Studenten teilgenommen haben und 92 % von ihnen die Technik als nützlich für ihre Zweitsprachenkompetenz bewertet haben, besonders hinsichtlich Syntax, Wortschatz, Verständnis und Flüssigkeit. Nähere bibliografische Angaben zu diesem Projekt sucht man allerdings vergeblich. *empirische Überprüfungen*

Eine umfassendere und besser dokumentierte Studie fand mit 255 amerikanischen Universitätsstudenten statt, die Französisch im ersten, zweiten, dritten und vierten Jahr studierten (DUPUY 1999). Die auf der Basis eines Fragebogens mit Selbsteinschätzung ermittelten Ergebnisse lassen *Narrow Listening* in einem sehr positiven Licht erscheinen. Eine überwältigende Mehrheit in allen Lernstufen befand dieses Verfahren als hilfreich für die Verbesserung ihrer Französisch-Kenntnisse, wobei der Ausbau des Hörverstehens vor der Zunahme der Flüssigkeit und vor der Erweiterung des

Wortschatzes rangierte. Daneben wurden die Förderung autonomer Lernformen hervorgehoben sowie die größere Attraktivität dieser Texte gegenüber herkömmlichen Hörübungskassetten.

Beurteilung
Narrow Listening kann zu den offenen Unterrichtsverfahren gezählt werden. Die Festlegung von Thema, Ort, Zeit und Frequenz erfolgt durch die autonom Lernenden.

Dabei handelt es sich um ein inhaltsorientiertes Hören, das vom Interesse am Thema motiviert wird. Es geht nicht darum, jedes einzelne Wort zu identifizieren, sondern die wesentliche Botschaft zu verstehen. Die Motivation ist intrinsischer Natur, man macht *Narrow Listening* für sich selbst.

KRASHENS Verfahren muss vor dem Hintergrund seiner **Spracherwerbstheorie** gesehen werden (KRASHEN 1982; KRASHEN 1985; LIGHTBOWN/SPADA 1993, 26 ff.). *Narrow Listening* basiert auf der *acquisition-learning hypothesis*, z. B. dem Primat des Spracherwerbs bei Vernachlässigung formorientierten Lernens, der *input hypothesis*, z. B. der Schaffung eines *comprehensible input* durch Themenvertrautheit und Wiederholung, und der *affective filter hypothesis*, z. B. dem Vorhandensein einer stress- und sanktionsfreien Spracherwerbsatmosphäre. Leider liegt zur Verifizierung dieser Hypothesen im Rahmen von *Narrow Listening* nur spärliches Material zur Verfügung.

Neben dem Defizit empirischer Daten besteht noch ein organisatorisches Problem. Die Suche nach *native speakers*, die bereit sind, mehrere Minuten zu einem Thema aufgenommen zu werden, kann sich im L1-Land als langwierige Prozedur erweisen. Als Ersatz für non-existente oder unwillige Muttersprachler bietet es sich an, auf Bekannte oder Lehrerinnen und Lehrer mit hervorragender fremdsprachlicher Kompetenz, auf kommerziell produzierte Hörware oder auf im Rahmen von Klassenkorrespondenzen produzierte Hörkassetten auszuweichen.

Narrow Listening suggeriert allein durch das Adjektiv in seinem Terminus ein Bild der Geschlossenheit. Auch wenn es das semantische Feld von ‚gründlich, genau, eingehend‘ (*narrow investigations*) abdecken kann, bedeutet es zuerst einmal ‚eng, beschränkt, knapp‘. Tatsächlich wird die Vorstellung von Beschränkung durch die Faktoren Zeitdauer und Wiederholung bestärkt – ein kurzer Hörausschnitt von ca. drei Minuten wird immer wieder angehört.

Man muss sich aber nicht auf das wiederholte Hören kurzer, monologischer Hörkassetten beschränken. Im *global village* des modernen Medienzeitalters bietet auch die Kultur des L1-Landes vielfältige Angebote, kurze

organisatorisches Problem

und lange, monologische und multilogische fremdsprachige Texte zu hören. KRASHENS *Narrow Listening* sollte deshalb sinnvollerweise durch ein *wide listening* ergänzt werden.

wide listening

Schließlich nimmt das Hörverstehen in der alltäglichen muttersprachlichen Kommunikation in Relation zu den anderen drei Grundfertigkeiten mit 55 % eine führende Position ein – gefolgt von Sprechen mit 23 %, Lesen mit 13 %, Schreiben mit 9 % (KIEWEG 2003b, 23). In der konkreten Unterrichtspraxis werden diese Verhältnisse aber weitgehend ignoriert, wenn man alleine die Bereiche Lernzielkontrolle und Übung betrachtet. Wenn einmal Hörverstehensstunden durchgeführt werden, dann sind sie meist schematisch strukturiert (Vorspielen – Fragen zum Text – Antworten) und an Behaltensleistungen orientiert. In einer großen Lerngruppe sind aber

die Lerntempos, die Konzentrations-, die Lautdiskriminierungs- und die Segmentierungsfähigkeit, das thematische Weltwissen, die Merkfähigkeit, die Toleranz gegenüber Unverstandenem und die nötige Hörmotivation derart unterschiedlich, dass man an der Sinnhaftigkeit einer frontalunterrichtlich geführten Hörverstehensstunde zweifeln möchte. (KIEWEG 2003b, 23)

Das schulische Training des Hörverstehens ist deshalb durch individuelle Hörverstehensarbeit zu Hause und in der Freizeit zu ergänzen. In der Tabelle unten sind verschiedene Möglichkeiten zusammengefasst, wie Lernende außerschulisch ein **tägliches Sprachbad** nehmen und ihr Hörverständnis *off the beaten track* verbessern können.

Optionen für *wide listening*	
Art des Kontakts	Optionen
Face-to-face-Kontakte	• Belauschen von *native speakers* • Kontaktaufnahme mit englischsprachigen Personen am Ort • Suchen eines englischen Tandem-Lernpartners • Beteiligung an Austauschprogrammen • Teilnahme an Aktionen der Städtepartnerschaft • Ferien/Urlaub im englischsprachigen Ausland • Ferienjobs im Ausland • Besuch englischsprachiger Theateraufführungen (*American/British drama groups*)

Optionen für *wide listening*	
Art des Kontakts	Optionen
Medial vermittelte Kontakte	• Anhören lehrbuchbegleitender Tonkassetten • Kauf lehrbuchunabhängiger Tonkassetten • Hören von *audio books* • Feste Einstellung englischsprachiger Rundfunksender (BBC, Blue Danube Radio etc.) • Bewusstes Anhören von Popsongs im Radio • Sammlung englischsprachiger Musik-CDs • Telefonieren mit englischen Verwandten und Bekannten • Aufnahme von Sendungen des Schulfunks • Aufnahme von Schulfernseh-Programmen • Feste Einstellung englischsprachiger TV-Kanäle (Eurosport, CNN, BBC, Sky etc.) • Ausleihen englischsprachiger Original-Spielfilme • Mitgliedschaft in einem Video-Klub • Besuch englischsprachiger Kinos (in Großstädten) • Kauf von CD-ROMs mit englischem Sprachmaterial • Hören englischsprachiger Audio-Dateien im Internet • Laden von Podcasts (Web-Audioprogrammen) auf den MP3-Player

Strategien

Da diese Hörsituationen häufig sehr anspruchsvoll sind, bedürfen auch sie einer Vorbereitung und häufiger Übung. In der Schule sind den Lernenden vor allem die verschiedenen Strategien des Hörens zu vermitteln – Strategien, die das Hörverstehen vorbereiten, den Hörprozess erleichtern, das Gehörte verarbeiten, das Behalten erhöhen, die Sprachproduktion vorbereiten (Rampillon 2003, 47).

7 Oral Transferring

Sprachmittlung –
haben wir das nicht schon immer gemacht?

ein überraschter Schüler

Hintergrund

Verschiedene Entwicklungen in den letzten Jahrzehnten haben die Notwendigkeit sprachmittelnder Tätigkeiten deutlich erhöht (DFU 2008):

- Mobilität
- Migration
- Europäisierung
- Globalisierung

Ob im Urlaub, beim Auslandspraktikum, auf geschäftlichen Konferenzen, während wissenschaftlicher Kolloquien, bei Interviews ausländischer Fußballprofis, während der Übertragung internationaler Veranstaltungen – die Vermittlung zwischen verschiedenen Sprachen und Personen wird immer häufiger und wichtiger.

Dazu kommt, dass die traditionelle Übersetzung (*translation version*) immer stärker in die Defensive gedrängt wurde. Man erkannte deren beschränkten Anwendungsnutzen im kommunikativen Alltag (sowie den professionellen Anspruch einer exakten Übersetzung und damit die tendenzielle Überforderung der Schülerschaft). Neben dem schon länger praktizierten Dolmetschen (*interpreting*) wollte man fortan freieres Übertragen fördern.

Deshalb nahmen sich auch offizielle Vorgaben und Dokumente dieses Themas an:

- Gemeinsamer Europäischer Referenzrahmen (EUROPARAT 2001)
- KMK-Standards (2004, 16 ff.)
- Rahmenlehrpläne
- Abitur-Informationen: Bildungsserver
- Abitur-Aufgaben
- Handreichungen (ISB 2005; LISUM 2006)

offizielle Vorgaben

Begriff

Mediating (Sprachmittlung, Mediation) comprises all techniques used to transform written or oral texts from one language into another. Both directions are possible, i. e. from German into English (L1 → L2) and from English into German (L2 → L1).

(THALER 2010b, 258)

Grundsätzlich gibt es drei Typen der Sprachmittlung:
(1) Übersetzung (*translating*)
(2) Dolmetschen (*interpreting*)
(3) Übertragung (*transferring, transforming*)

Letztere wird inzwischen gerne als „echte" Sprachmittlung apostrophiert. Dabei sollte man aber nicht vergessen, dass sie nur eine von drei Formen ist.

Die **Übertragung** (*transforming, transferring*) ist die adressaten-, sinn- und situationsgerechte Übermittlung von mündlichen, schriftlichen (oder grafischen) Informationen von einer Sprache in eine andere.

Dies kann von L1 (Muttersprache, Deutsch) nach L2 (Fremdsprache, Englisch) oder von L2 nach L1 erfolgen. Es kann sich um einen geschriebenen Ausgangstext handeln, der schriftlich oder mündlich übertragen wird; oder es liegt ein mündlicher Text vor, der mündlich oder schriftlich vermittelt wird – zwischen drei Personen (zwei Interaktionspartner, ein Mediator).

Insofern ist Sprachmittlung **bi-direktional**, **bi-modal** und **triadisch**.

In der Praxis werden die vielen Kombinationsmöglichkeiten zwischen Sprachrichtung und Textmodus meist nicht ausgeschöpft. Der Schwerpunkt in diesem Kapitel liegt auf der mündlichen Übertragung (*oral transferring*).

Ziele

vier Teilbereiche der Sprachmittlungskompetenz

Nach HALLET (DFU 2008) besteht die Interlinguale Sprachmittlungskompetenz aus vier Teilbereichen:

Interlinguale Sprachmittlungskompetenz	
Teilbereiche	**Beispiele**
Kommunikative Kompetenz	(*Active and passive*) *Wordpower*
Interkulturelle Kompetenz	Kenntnis der besonderen Bedeutung von *assembly* im schulischen Kontext Großbritanniens
Interaktionale Kompetenz	Bewusstseins des Verhältnisses der beteiligten Personen (Alter, Geschlecht, Status, Kommunikationsabsichten ...)
Strategische Kompetenz	Fähigkeit zur Antizipation von Äußerungen des Gesprächspartners

Unterrichtsgestaltung

Inzwischen gibt es mehrere Handreichungen, Zeitschriftenbeiträge und Aufgabensammlungen für mündliche Sprachmittlung (PFU 2008; DFU 2008; LISUM 2006; ISB 2005), denen man geeignete Lernaufgaben entnehmen kann.

Da *oral transferring* eine relativ neue Kompetenz darstellt, müssen die Lernenden schrittweise an die komplexen Anforderungen herangeführt werden. Die folgende Zusammenstellung von Tipps (THALER 2010b, 260) mag dabei helfen:

schrittweise Heranführung

Tips for mediating	
Form	The text you have to mediate may come in printed (e. g. article), auditory (e. g. recorded interview) or visual form (e. g. cartoon with caption).
Source	There is a variety of authentic sources: websites, newspaper articles, literary texts, emails, faxes, letters, signs, recipes, manuals, ads, leaflets, timetables, graffiti, postcards, contracts, menus, reports, rules, etc.
Situation	The task is embedded in a specific situation, e. g. you are abroad and mediate information for your German friend, or you help a tourist to understand information in German, or you use German sources for English presentations, etc.
Task	You may face various tasks: to summarize the content of a text, to point out important details, to explain the meaning of a statement, etc.
Instructions	Follow the instructions, e. g. you may be asked to answer in complete sentences or just in bullet points.
Processing	Do not mediate literally. In contrast to a translation *(Textabbildung)*, you have to process the text *(Textverarbeitung)*. Identify the main points, leave out details, use your world knowledge.
Intention	Try to grasp the meaning and intention of the text given.
Addressee	Think of the addressee, i. e. adapt the level and style of your language production to your partner.
Words	Do not panic if you come across unknown words. They may be irrelevant, or you can guess their meaning from the context.

Als Beispiel für eine Sammlung abwechslungsreicher Aufgabenformate für (mündliche) Sprachmittlung mag das Oberstufen-Lehrbuch *Summit* (THA-LER 2010) dienen, das folgende Aufgaben enthält:

- *Summarizing the gist of three English paragraphs in two German sentences (47)*
- *Summarizing the main facts of a German speech by Chancellor Merkel (86)*
- *Mediating the main contents of a German report in English with the aim of asking for a verification of the useful facts given (109)*
- *Analysing German graphs and explaining them to a fellow English student (155)*
- *Interpreting a German bar chart in English (163)*
- *Informing English students about German test criteria for soft-shell jackets* (Stiftung Warentest*) (168)*
- *Excerpting a German newspaper report in English (171)*
- *Analysing a German cartoon in English (185)*
- *Guided mediating of three German newspaper articles (193–195)*

Ergebnisse und Beurteilung

Da *oral transferring* eine noch junge Kompetenz darstellt, gibt es kaum fundierte empirische Untersuchungen.

offen und Zweifelsohne ist die Fähigkeit zur Lösung sprachmittelnder Aufgaben ein *geschlossen* bedeutender Teil der kommunikativen Kompetenz, da sie in allen Lebensbereichen relevant ist und sich an kommunikativen Alltagssituationen orientiert. Zudem kann sie als motivierende Alternative zu traditionellen Übersetzungen gestaltet werden.

Oral transferring siedelt sich zwischen offenen und geschlossenen Verfahren an. Der Ausgangstext, ob deutsch oder englisch, ob mündlich oder schriftlich, fungiert als steuernde Vorgabe, die den mediatorischen Rahmen zieht. Gleichzeitig eröffnet die nicht-wörtliche Übertragung sprachliche und inhaltliche Freiräume. Damit diese Offenheit die Schülerinnen und

Schüler nicht überfordert, müssen sie wissen, was die Sprachmittlung leisten soll und welche Fertigkeiten man benötigt. Um strategisches Geschick zu erwerben, sind mediatorische Strategien in inhaltlichen, lexikalischen, syntaktischen und non-verbalen Bereichen zu vermitteln.

Ein zu lösendes Problem bleibt die Bewertung. Neben dem Inhalt muss die Sprache berücksichtigt werden, die sich zumindest aus Sprachrichtigkeit (*accuracy*) und Ausdrucksfähigkeit (*fluency, appropriacy*) zusammensetzt. Ob die Inhaltskomponente anhand von Informationseinheiten gemessen wird, wie viele Einheiten gefordert werden, ob zusätzliche Kategorien hinzutreten sollen, wie die Gewichtung aussieht, wie die Punkte auf Noten verteilt werden etc. – diese Details sollten im Einzelfall bzw. einheitlich an einer Schule geklärt werden. Ein klares **Bewertungsraster** als schriftliche Vorlage mit einigen, aber nicht zu vielen Kriterien und übersichtlicher Punkteanzahl kann hier wertvolle Hilfe leisten (z. B. DFU 2008, 27).

accuracy, fluency, appropriacy

Phasenorientierte Lernarrangements

Die Struktur einer Unterrichtseinheit weist mehrere Abschnitte oder Phasen auf. So beginnt eine Stunde im Regelfall mit einem Einstieg (***lead-ins***, 8) und endet mit einem Ausstieg (***closures***, 11), und sowohl Anfang als auch Ende können in einer offenen Weise gestaltet werden. Dazwischen findet die Hauptarbeit statt, wobei unvorhergesehene Wendungen nie auzuschließen sind. Wie die Lehrkraft auf solche Überraschungen (***surprises***, 9) reagiert, beeinflusst nicht unwesentlich Verlauf und Erfolg der Stunde. Pausen (***breaks***, 10) wird weitgehend der Status von Nicht-Unterricht zugeschrieben; aufgrund ihrer Nicht-Berücksichtigung im fachdidaktischen Diskurs und ihres Öffnungs-Potenzials sollen sie hier dennoch kurz behandelt werden.

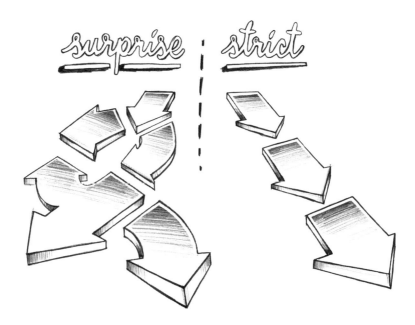

8 Lead-ins

Wenn du mit anderen ein Schiff bauen willst,
so beginne nicht, mit ihnen Holz zu sammeln,
sondern wecke in ihnen die Sehnsucht
nach dem großen, weiten Meer.

ANTOINE DE SAINT-EXUPÉRY

Hintergrund

Die fachdidaktischen Einführungen und Zeitschriftenbeiträge betrachten den Unterrichtseinstieg als vernachlässigbare Größe, sofern sie ihn nicht gänzlich unerwähnt lassen. Dies muss angesichts der Bedeutung dieser Phase überraschen, denn

dabei kann gerade die Art und Weise des Einstiegs in ein neues Thema, eine Übung oder einfach nur in eine neue Stunde entscheidend dafür sein, ob der Funke überspringt oder ob unsere Schülerinnen und Schüler frustriert das Stundenende herbeisehnen. (EDITORIAL ZU DER FREMDSPRACHLICHE UNTERRICHT ENGLISCH 52/2003, 3)

Allerdings geben Lehrerhandreichungen für Lehrwerke Tipps für Einstiege, ohne stets explizit theoretisch auf dieses Thema Bezug zu nehmen. Einen wichtigen Impuls für die Reflexion über Einstiege lieferte der *Fremdsprachliche Unterricht Englisch* mit seinem Themenheft 52 (2001), in dem das breite Spektrum der Einstiegsmöglichkeiten theoretisch und praktisch betrachtet wird und neue, auch offene Wege anschaulich beschrieben werden.

Begriff

Im engen Sinn stellt der *lead-in* eine Zäsur dar, einen Anfang, der auf Kommendes verweist, den Stundenbeginn als chronologisch erste Phase des Unterrichts nach dem Gong. Es gilt umzuschalten vom außerunterrichtlichen Leben auf den Unterricht oder von einem anderen Fach auf Englisch und von der Muttersprache zur Fremdsprache.

erste Unterrichtsphase

Dabei ist „die kognitive, affektive und motorische Einstimmung auf das Kommende … am Anfang einer Stunde besonders wichtig." (SOLMECKE 2001, 4)

Stundeneröffnungen im Sinne von (ritualisierten) Stundenanfängen sind zu unterscheiden von thematischen Einstiegen, die als Kontaktaufnahme mit neuen Themen verstanden werden (GREVING/PARADIES 1996).

Ziele

Der *lead-in* als chronologisch nicht festgelegter Beginn eines neuen Lernabschnitts erfüllt im Wesentlichen zwei Funktionen, die weiter untergliedert werden können (Solmecke 2001, 5):

zwei Funktionen des lead-in

- **Motivation**: Einstimmung auf den Unterrichtsgegenstand, Wecken von Neugier, Schaffung subjektiver Relevanz, Aufzeigen von Lernzielen, Abbau emotionaler Barrieren
- **Lernerleichterung**: Reaktivierung des Hintergrundwissens, Schaffung von Transparenz, Förderung sprechmotorischer Geläufigkeit, Liefern von Informationen, Bereitstellung von Materialien

Neben diesen kognitiven, affektiven, verbal-motorischen und sprachlichen Zielsetzungen gilt für offene Einstiege zudem, dass den Schülerinnen und Schülern Freiräume gestattet und alternative Wege eröffnet werden. Einstiege öffnen das Tor zu neuen Gebieten.

Verwandt mit dem Einstieg ist die ***pre-phase*** bei der Schulung rezeptiver Fertigkeiten, z. B. die *pre-reading* und *pre-listening activities* (vgl. u. a. Hinz 2002).

> *Vor der ersten Begegnung mit einem Text ist es wichtig, in einer möglichst offenen und provokativen Phase das Interesse und die Neugierde von Leserinnen und Lesern hervorzurufen, damit sie dem Werk positiv entgegensehen.*
>
> *(Wilkening 2000, 45)*

Interesse soll geweckt, Vorwissen aktiviert, eine Erwartungshaltung aufgebaut werden, sodass der folgende Leseprozess nach der *top-down*-Methode gesteuert werden kann.

Von der *pre-phase* und den Lerneinstiegen abzugrenzen sind die offene Phase und verwandte Begriffe wie Spontanphase oder Sammelphase. „Die Schüler sollen Gelegenheit haben, ihre individuellen Eindrücke vom Text einzubringen." (Rauf 1980, 115) Eindrücke, welche die Lernenden bei der häuslichen Lektüre oder der unterrichtlichen Stillarbeitsphase gewonnen haben, können in dieser Phase wiedergegeben werden. Offene Phasen sind gewöhnlich auf Textarbeit beschränkt, treten also bei der Auseinandersetzung mit Lese- oder Hörtexten auf.

Unterrichtsgestaltung

Als Varianten zu konventionellen Stundenanfängen lassen sich Woodwards Vorschläge zu *fluid boundaries*, *atmospherics*, *student starts* und *discussing the menu* verstehen (2001, 48–53). Mit ***fluid boundaries*** meint sie fließendorganische Stundenübergänge ohne feste Grenze, die unterschiedlich realisiert werden können:

You may come in a little late ... You may leave the door open so as not to create a feeling of lateness in students ... You may draw attention to what is left on the blackboard from the last class and discuss what mystery lies behind it. You may start up a conversation with one or two students rather than with the whole group. (WOODWARD 2001, 48 f.)

Diese fließenden Anfänge, als Gegenpol zu *clear boundaries* konzipiert, erwecken den Eindruck, dass die Stunde ohne deutlich markierten Anfang begonnen hat.

Unter **atmospherics** fasst WOODWARD diejenigen Maßnahmen zusammen, die versuchen, ungünstige äußere Einflüsse (Müdigkeit, Tageszeit, Wetter *Varianten* etc.) zu entschärfen und eine positive und konstruktive Arbeitsatmosphäre im Klassenzimmer aufzubauen. Je nachdem, welchen Gemüts- und Gefühlszustand die Lehrkraft bei ihren Schülerinnen und Schülern wahrnimmt, kann sie beruhigend-konzentrationsfördernde Techniken ("With your eyes shut, listen to the sounds and name them mentally in English": WOODWARD 2001, 50), belebend-aktivierende Mannschaftsspiele oder phatischen *small talk* (Nachbetrachtung der vorangegangenen Stunde, Frage nach der augenblicklichen Stimmung, Kurzdiskussion des Fernsehprogramms) einsetzen.

Bei den **student starts** eröffnet nicht die Lehrkraft, sondern die Schülerschaft die Stunde. Als Möglichkeiten sieht sie (WOODWARD 2001, 51):

- Nach der Erwähnung des Stundenthemas notieren die Lernenden individuell, paar- oder gruppenweise all ihr Vorwissen stichpunktartig, bevor die Lehrkraft diesen Wissenspool ergänzt.
- Beim Anblick der Lehrkraft in der Türe begrüßen sich die Schülerinnen und Schüler untereinander und stellen Fragen auf Englisch.
- Die Lernenden geben ihren Nachbarn eine mündliche Zusammenfassung der häuslichen Lektüre.
- Sie testen die Wortschatzkenntnisse ihrer Nachbarn (Wörterliste der letzten Stunde).
- Die Schülerinnen und Schüler bereiten sechs bis zehn Wiederholungsfragen für die gesamte Klasse vor.

Discussing the menu greift die gastronomische *à-la-carte*-Metapher auf, um die Lernenden aus einer Liste von Vorschlägen auswählen zu lassen. So können verschiedene thematische Alternativen an die Tafel geschrieben werden, und die Schülerinnen und Schüler entscheiden, was sie machen wollen und wann und/oder in welcher Reihenfolge; oder sie können zwischen zwei verschiedenen Texten zu einem Thema wählen.

Sofern man zu Beginn der Stunde die Wiederholung des Stoffes der Vorstunde und/oder die Hausaufgabenbesprechung vornimmt, lässt sich eine schülergelenkte Variante denken. Als Alternative zur lehrergeleiteten Kontrolle könnten einzelne Schüler inhaltliche, lexikalische und strukturelle Fragen stellen sowie die schriftliche Hausaufgabe kontrollieren. Ein Blatt mit der Musterlösung würde dabei natürlich hilfreich sein. Bei Lernen durch Lehren werden diese Kompetenzen beispielsweise sukzessiv aufgebaut.

lehrerinitiierte Einstiege

Lerneinstiege als Vorbereitung einer (sprach-, fertigkeits-, themabezogenen) Übung oder Unterrichtseinheit werden dagegen im Regelfall von der Lehrkraft gestaltet. Sie überlegt sich eine Idee, stellt die Materialien bereit und gibt die Richtung vor. Dennoch lassen sich lehrerinitiierte Einstiege so gestalten, dass der Schülerschaft mehr Freiraum und Verantwortung überlassen wird. Auch können Einstiege von den Lernenden selbst geleitet werden.

Ein neueres Instrument bilden in diesem Zusammenhang die ***prompts***, z. B. Fragen, Kommentare, Meinungen, die von Lernenden für Lernende entwickelt werden (LEGUTKE/MÜLLER-HARTMANN 2001). Die Schülerinnen und Schüler können damit ihre Sichtweisen einbringen, neue Aspekte eröffnen, andere zur Stellungnahme herausfordern, und so die Lernsituation mitgestalten. Eine ähnliche Sonderstellung unter den Lerneinstiegen nehmen **Hausaufgaben** ein, die außer- und vorunterrichtlich vorbereitet werden und so eine Lernphase einleiten können. Die folgende Tabelle gibt einen Überblick über potenziell offene Lerneinstiege mit Praxisbeispielen (SOLMECKE 2001; CRANMER/LAROY 1992; PAUELS 2001; RÖLLICH-FABER 2001; LEGUTKE/MÜLLER-HARTMANN 2001; BAIER 2001; KUGLER-EUERLE 2001).

Offene Lerneinstiege – Typen und Beispiele

Typus	Beispiel
Informations-sammelnder Einstieg	*Mind mapping* Lehrkraft schreibt Stundenthema in die Tafelmitte, Assoziationen der Schülerinnen und Schüler werden dem Begriff astartig zugeordnet.

Offene Lerneinstiege – Typen und Beispiele

Typus	Beispiel
Provozierender Einstieg	*Provocative statement* Mit einem überraschenden Zitat oder Statement provoziert die Lehrkraft die Schülerinnen und Schüler zu persönlichen Stellungnahmen.
Interaktionsorientierter Einstieg	*Zipper technique* Indem sich von zwei Schüler-Kreisen (Innen- und Außenkreis) nur einer bewegt, tauschen wechselnde Partner ihre ersten Eindrücke zu einem neuen Thema aus.
Szenischer Einstieg	*Pantomime* Als Hinführung zu Berufsbezeichnungen stellen die Schülerinnen und Schüler gestisch-mimisch-motorisch den zu erratenden Beruf dar (*Guess my line*).
Gestaltpädagogischer Einstieg	*Acting feelings* Als Einstimmung auf ein *poetry reading* werden Gefühle in Wort und Tat dargestellt.
Visueller Einstieg	*Guided fantasy* Die Lehrkraft trägt einen Text vor, die Schülerinnen und Schüler stellen sich die Situation in bewegten Bildern vor und verbalisieren sie anschließend.
Filmischer Einstieg	*Film excerpt* Als Hinführung zu einer Literaturbetrachtung wird der Ausschnitt aus einer filmischen Adaption der Vorlage oder eines thematisch verwandten Spielfilms vorgeführt.
Musischer Einstieg	*Musical opening* Als Vorspiel für die Behandlung eines literarischen Textes (z. B. Romeo and Juliet) wird ein Musikstück mit dem gleichen Titel (z. B. Dire Straits' Romeo & Juliet) oder ähnlicher Atmosphärik vorgespielt.
Spielerischer Einstieg	*Grammar game* Die Vertiefung einer grammatikalischen Struktur wird durch ein passendes Lernspiel eingeleitet.
Poetischer Einstieg	*Chain poem* Als Vorbereitung auf eine Gedichtanalyse erstellen alle Klassenmitglieder sukzessive ein Kettengedicht, bei dem die erste Zeile der Originalvorlage bereits gegeben ist.

Offene Lerneinstiege – Typen und Beispiele	
Typus	**Beispiel**
Haptischer Einstieg	*Realia* Als Hinführung zu einem landeskundlichen Thema werden anhand konkreter Objekte der Zielkultur Spezifika des Landes erläutert.
Prompts	*Generative prompt* Schüler fordern andere Schüler zu einer persönlichen Stellungnahme heraus, die auf dem behandelten Text basiert, aber in den persönlichen Erfahrungsraum führt.
Hausaufgaben	*Word field* Die Lernenden stellen zu Hause den spezifischen Wortschatz zu einem Thema der Folgestunde zusammen.

Die Dauer eines Einstiegs reicht von ein paar Sekunden bis zu einer Stunde und mehr. Bei einer motivierten, eingespielten Klasse mag eine kurze Ankündigung genügen; längere, komplexere Aufgaben und weniger motivierte Klassen erfordern eine ausgedehntere Eröffnung.

Planungselemente Auch wenn oder gerade weil ein offener Lerneinstieg den Lernprozess öffnen soll, bedarf es der überlegten Planung (SOLMECKE 2001, 7 f.): Äußere Bedingungen (Raum, Medienausstattung, Sitzordnung, Klassenstärke), Ziel des Einstiegs, Voraussetzungen der Lernenden (sprachliche/sachliche Vorkenntnisse, Motivationslage, Interessen) und Voraussetzungen der Lehrperson (Fähigkeiten, Kenntnis des Wissensstandes und Verhaltens der Lernenden) sind zu berücksichtigen.

Ergebnisse

Eine schülerzentrierte Besprechung schriftlicher Hausaufgaben praktizierte BOHNEN (1990) mit Erfolg auf allen Stufen des Gymnasiums. Die schriftliche Hausaufgabe wird dabei zu Stundenbeginn mündlich vorgetragen, die *student starts* sprachlichen (Richtigkeit, Lexik, Syntax, Ausdrucksvermögen, Textkonstruktion) und inhaltlichen (Textverständnis, Themaentfaltung, Stellungnahme) Beobachtungsbereiche werden zwecks Vermeidung von Überforderung auf mehrere Gruppen aufgeteilt, und so analysieren alle Lernenden arbeitsteilig die Arbeit ihrer Mitlernenden. Je nach Altersstufe sind die Beobachtungsbereiche enger oder weiter gefasst. Nach anfänglichen Unsicherheiten konnten seine Schülerinnen und Schüler mit diesem Stundenbeginn gut umgehen.

Einen schülerorientierten, motivierenden und strukturierenden Stundenauftakt, der neben Hausaufgabenbesprechung/Wiederholung auch freies Sprechen umschließt, hat Mulla (2003) erfolgreich getestet. Ausgestattet mit Klassenliste und richtiger Lösung (Kurzkorrektur durch Lehrer/Musterlösung), übernimmt in einem ersten Schritt ein (täglich wechselnder) Schüler die Rolle des **homework coach** und bespricht die Hausaufgabe. Vergessliche Schüler haben eine Zusatzaufgabe zu erledigen, wobei die Augenzahl beim Würfeln die *dicey-dice task* aus der gemeinsam vereinbarten Liste bestimmt. In der nächsten Stunde lässt sich der *homework coach* die vergessene Hausaufgabe vorlegen und korrigiert sie, die schriftliche Zusatzaufgabe übergibt er dem Lehrer. Aus der Perspektive der Schülerinnen und Schüler wird das Bewusstsein in dreierlei Richtungen geschärft: Hausaufgabe machen sie nicht für den Lehrer; jedes Vergessen wird – würfelabhängig – gleich behandelt; nachgelieferte Hausaufgaben werden aufgrund der Korrektur nicht als Sanktionsinstrument betrachtet.

In einem zweiten – allerdings ziemlich geschlossenen – Schritt werden zwei *trip-trap*-Sätze (Stolperfallen) diktiert, übersetzt und besprochen, wobei ein Schüler bzw. eine Schülerin hinter der Tafel mitschreibt.

Im letzten Schritt des Anfangsrituals hält ein Schüler eine zweiminütige Rede, entweder spontan zu einem Stichwort eines Mitschülers oder als vorbereitetes Minireferat. Freies Sprechen wird hier zum integrativen Element jeder Unterrichtsstunde.

Verschiedene assoziative, darstellende, handlungsorientierte Unterrichtseinstiege ins *creative writing* hat Röllich-Faber (2001) mit einer vorher ziemlich demotivierten 10. Realschulklasse ausprobiert. Der spielerisch-kreative Umgang mit der Fremdsprache bereitete ihnen viel Freude, sie wurden zu mehr selbstbestimmtem, kooperativem Arbeiten angeregt und entwickelten präsentierbare Ergebnisse. Für die Lehrkraft war es „ein zunächst offener, spannender und manchmal risikoreicher Weg …, auf dem z. B. zu Stundenbeginn nicht immer planbar ist, wie das Ende aussehen wird." (Röllich-Faber 2001, 19) Aber vor allem in einer 10. Klasse mit nur drei Wochenstunden, verteilt auf drei Tage, sind motivierende Einstiege immer wieder vonnöten.

Unterrichtseinstiege ins creative writing

Ein Beispiel, in dem die **pre-phase** untersucht wurde, ist der Unterrichtsbericht von Wilkening (2000), in dem sie ihre positiven Erfahrungen mit offenen *pre-reading activities* bei *short stories* darstellt. Zwecks Aktivierung des Vorverständnisses und einer schülerorientierten Sensibilisierung setzte sie akustische Impulse, visuelle Medien, Simulationsübungen, Rollenspiel, Gedichterstellung und weitere textgenerierende Verfahren ein. In dem Fragebogen beurteilten die Schülerinnen und Schüler die *pre-reading activities* zwischen sehr gut und befriedigend, und es fand oft eine kommunikative, intensive Auseinandersetzung mit dem Thema statt.

Beurteilung

Betrachtet man Woodwards Vorschläge für Stundenanfänge, dürfen Zweifel hinsichtlich Praktikabilität, Effektivität und Rollenbild der Lehrkraft angemeldet werden:

- Bei ihren *fluid boundaries* könnten die Schülerinnen und Schüler Tugenden wie Pünktlichkeit in Frage stellen, der Lehrkraft ein unprofessionelles Image unterstellen und Schwierigkeiten beim Aufbau ihrer eigenen Anfangskonzentration bekommen.
- Damit die *student starts* funktionieren, müssen sie zunächst vom Lehrenden vorgeschlagen, getestet und positiv sanktioniert werden.
- *Discussing the menu* stellt ein aufwändiges Verfahren dar und setzt voraus, dass Alternativen angeboten werden können, Schülerinnen und Schüler über genügend Informationen für eine sachgerechte Entscheidung verfügen und an dieses basisdemokratische Verfahren gewöhnt sind. Ob die Lehrkraft diese Verfahren mit ihrer professionellen Verantwortung vereinbaren kann, muss freilich sie entscheiden.

Die Gestaltung des Stundenanfangs ist auch stark vom Typus der Lehrperson abhängig – "whether you're a boundary person or an organic start person, a 'working atmosphere' or a 'friendly atmosphere' person, a self-starter or a student starter." (Woodward 2001, 53)

Dem Lerneinstieg als ersten Schritt in einen neuen Lernabschnitt kommt eine besondere Bedeutung zu. Zwar mag die aus dem Referendariat tradierte heimliche Hypothese, ein gelungener Einstieg garantiere das Gelingen der Stunde, ebenso falsch sein wie die Umkehrung, ein misslungener Einstieg bedeute zwangsläufig das Scheitern der ganzen Stunde. Aber der Reiz, der im Neuen steckt, sollte nicht ungenutzt bleiben. Standardmäßige Ankündigungen wie "Open your books at page 14. Let's do exercise 1" öffnen nur die Bücher. Lerneinstiege aber

haben vor allem den Zweck, die Lernenden aktiv am Unterrichtsgeschehen zu beteiligen, ihnen das Lernen zu erleichtern und sie zu größerer Selbstständigkeit im übenden Umgang mit dem Lerngegenstand Englisch zu führen.

(Solmecke 2001, 9)

Immer dann, wenn die Lernenden aktiv das Unterrichtsgeschehen mitgestalten, eröffnen sich unvorhergesehene Wendungen. Die Lehrperson in ihrer „Doppelrolle" (SOLMECKE 2001, 7) als letztverantwortliche Stoffvermittlerin und als Helferin eigenständiger Lernprozesse der Schülerinnen und Schüler will nicht nur passive Rezipienten heranbilden, sondern die individuelle Aneignung anleiten. *Doppelrolle der Lehrkraft*

Die Notwendigkeit von Offenheit ergibt sich auch daraus, dass jeder Stundenanfang eine Aktualisierung der Lehrer-Schüler-Beziehung ist, besonders wenn man sich an dem Tag noch nicht gesehen hat. Eine wohlgeplante didaktische Inszenierung ignoriert häufig die aktuellen Signale der Schülerschaft. „Wer Schülern ein Skript aufzwingt, nach dem sie ohne eigenen Handlungsspielraum zu agieren haben, sollte sich nicht über deren Reaktanz wundern." (MÜHLHAUSEN 1999, 22)

Die Offenheit des Einstiegs besitzt zwei Dimensionen: die Offenheit der Einstiegsphase selbst und die Öffnung des folgenden Unterrichtsverlaufs. Wenn man von einer offenen Einstiegsphase zur weiteren Erarbeitungsphase schreitet, sollten die Resultate der offenen Phase berücksichtigt werden. Die Anknüpfung an die Einstiegsphase kann dabei als gleitender Übergang, als chronologische Bearbeitung der diskutierten Punkte oder als Elaborierung des wichtigsten Aspektes erfolgen. *zwei Dimensionen von Offenheit*

Wer für einen offenen Lerneinstieg plädiert, sollte aber drei möglichen Missverständnissen entgegentreten:

- Erstens ist ein Einstieg nicht *per se* geschlossen oder offen. Von einem vermeintlich geschlossenen Einstieg wie der Ankündigung der Stundenplanung durch die Lehrkraft am Anfang können öffnende Impulse ausgehen. Oder wenn auf eine offene Frage wie *What did you do last night?* eine inhaltlich plausible, aber grammatikalisch falsche Antwort (*I go to the cinema*) nur sprachlich verbessert wird (*No, you went to the cinema*), dann ist der Ansatz für ein offenes Gespräch im Keim erstickt (SOLMECKE 2001, 7). *Achtung Missverständnisse*

- Zweitens ist zu bedenken, dass neben offenen auch geschlossene Einstiege nötig sind. Ritualen und Routinen haftet zu Unrecht ein negatives Image an, denn sie erfüllen im Unterricht durchaus wichtige Aufgaben in stabilisierender, disziplinierender, orientierender, identitätsstiftender und auch motivierender Hinsicht:

Ja zu *routines*, nein zu *routine*!

- Für einen offenen Einstieg zu sein, heißt drittens nicht, einer Türklinken-Didaktik das Wort zu reden. Wenn Schülerbeiträge das Unterrichtsgeschehen bestimmen sollen, kann die Lehrkraft nicht auf eine gründliche Unterrichtsvorbereitung verzichten – im Gegenteil:

Eine systematische Vorbereitung bedeutet nicht die Fixierung auf ein durchzuziehendes Konzept, „sondern ist unabdingbare Voraussetzung für die Flexibilität, die der Lehrer braucht, um auf die Beiträge seiner Schüler angemessen reagieren zu können." (RAUE 1980, 117) Ein *Auto-Didaktiker* oder *Türschwellen-Didaktiker* wird es nicht schaffen, genügend gut durchdachte Bausteine bereitzuhalten und sie nach der Einstiegsphase sinnvoll einzusetzen.

9 Surprises

Ja, mach' nur einen Plan; sei nur ein großes Licht!
Dann mach' auch noch 'nen zweiten Plan;
Geh'n tun sie beide nicht.
Denn für dieses Leben
ist der Mensch nicht schlau genug,
darum ist all sein Streben
nur ein Selbstbetrug.
BERTOLT BRECHT (*Dreigroschenoper*)

Hintergrund

Surprises haben in der fachdidaktischen Diskussion eine sehr geringe Beachtung gefunden. Die Lehrkräfte mussten in der Ausbildung lernen, ihre Unterrichtsstunde genau vorauszuplanen und plangemäß umzusetzen. Die großen didaktischen Konzepte wie die Didaktische Analyse von KLAFKI (1964), der Unterricht als Wirkungsfeld interdependenter Strukturmomente von SCHULZ (1965) und die Lehrzielorientierte Didaktik (BLOOM 1972) übten dabei einen prägenden Einfluss aus. Lernzieltaxonomien, Artikulationsschemata und Didaktische Modelle haben Generationen von Lehrkräften darauf gedrillt, eine Unterrichtsplanung vorzunehmen, die Schüler-*proof* war, und diesen Entwurf möglichst ohne jede Abweichung im Klassenzimmer zu realisieren (MÜHLHAUSEN 1999, 23). Der „zirzensische Charakter der sogenannten Lehrproben" (NOWOSADKO 1973) hatte sie darauf bestens eingestimmt.

Aber nicht nur ältere didaktische Ansätze suggerieren die Non-Existenz von Überraschungen und Abweichungen. Auch viele neuere schülerorientierte Konzepte, die Co-Planung durch Lehrkraft und Schülerschaft vorsehen, beschränken dieses Prinzip der Mitplanung auf solche Phasen, wo die Einflussnahme der Lernenden vom Lehrenden gewollt ist. Die ungewollten Planungsaktivitäten von Schülerinnen und Schülern werden dagegen kaum berücksichtigt.

Historische Ansätze, die sich gegenüber Überraschungen offener verhalten, sind das Sokratische Gespräch von Nelson (HECKMANN 1981), der freie Gesamtunterricht von OTTO und das entdeckende Lernen von BRUNER. Auch die Ansätze von COPEI (1950) und WAGENSCHEIN (1968) zählen dazu. Das überraschungsoffene Gespräch, individuelle Deutungsversuche werden hier ernst genommen. In eine ähnliche Richtung geht auch TUDORS *responsive teaching*, das vom Lehrenden folgende Fähigkeit verlangt:

überraschungsoffene Ansätze

ability to listen to learners and respond to their needs in a flexible manner.

(*TUDOR 1996, 240 ff.*)

Begriff

In der alltagssprachlichen Verwendung bezieht man das Wort *Überraschung* auf eine Situation, die man nicht erwartet hat und von der man überrumpelt wird.

In psychologischen Theorien gelten Überraschungen als Relativität signalisierende Emotionen mit einem hohen adaptiven Wert, wobei als Auslöser gewohnheitswidrige, seltene oder neue Ereignisse infrage kommen (MÜHLHAUSEN 1994, 16 f.). Das Subjekt nimmt eine Kluft zwischen einer antizipierten Situation und dem tatsächlichen Ereignis wahr und sieht sich veranlasst, diese Diskrepanz zu verringern.

Die einzige ausführliche pädagogisch-didaktische Diskussion von Überraschungen liefert MÜHLHAUSEN (1994), der für eine tolerante Haltung gegenüber Überraschungen plädiert und dabei die Bedingungen einer überraschungsoffenen Unterrichtsplanung auslotet.

Im angloamerikanischen Raum wirbt WOODWARD (2001) für eine positive Einstellung zu *surprises*. Eine dramatische Variante von *surprises* nennt sie dabei *hijacks* (2001, 236 ff.), z. B. Ereignisse, die bei der Planung unmöglich zu berücksichtigen waren und durch keine vertrauten Routinen zu kontrollieren sind.

Ziele

„Das Missraten unserer Pläne und das Auftreten von störenden Faktoren gehört zum Wesen der Erziehung." (EDUARD SPRANGER – zit. nach MÜHLHAUSEN 1999, 23) Ein überraschungstoleranter Unterricht geht davon aus, dass eine vorausschauende Planung den Unterrichtsverlauf nicht determinieren kann und auch nicht soll. Trotz optimaler Vorab-Planung und viel Vorerfahrung ist der unterrichtliche Verlauf nicht vollständig festlegbar: "We can do all the planning and preparation in the world for our classes but it won't stop reality from happening." (WOODWARD 2001, 230)

Chance für lebendigen und schülerorientierten Unterricht

Und diese Wirklichkeit zeigt sich nicht selten in der Form unvorhergesehener Überraschungen, die den beabsichtigten Unterrichtsverlauf durchkreuzen. In diesem vermeintlich Abwegigen steckt oftmals eine Chance für lebendigen und schülerorientierten Unterricht.

Unterrichtsgestaltung

Zunächst gilt es, das Abstraktum *Überraschungen* zu konkretisieren und verschiedene **Typen von *surprises*** zu benennen. MÜHLHAUSEN unterscheidet fünf Varianten überraschender Schülerbeiträge, hinter denen Subversion (konterkarierende Schülertätigkeiten) oder Konkurrenz (unerwartete Mitplanungsinitiativen) stehen können (1994, 46 ff.):

- Thematische Abweichungen
- Unangemessene und falsche Beiträge
- Schülerkritik
- Dringende Anliegen
- Verweigerungen und Störungen

fünf Typen von Überraschungen

Solch entwurfswidrige Schülerbeiträge treten als empirisches Korrektiv zum erwarteten Schülerverhalten auf. Dabei stellt sich aber die Frage, unter welchen Voraussetzungen man auf die unerwarteten Beiträge eingehen soll. In Anlehnung an WOODWARD (2001, 237) lassen sich folgende Kriterien für die **Zulassung von Richtungsänderungen** aufstellen:

- Die Schülerinnen und Schüler haben ein echtes Mitteilungsbedürfnis.
- Authentische Kommunikation in der Zielsprache wird ermöglicht.
- Die Richtungsänderung ist sinnvoller und interessanter als der geplante Unterrichtsabschnitt.
- Die Änderung erweitert oder vertieft die geplante Unterrichtsphase.
- Eine kritische Phase kann pädagogisch, didaktisch oder sprachlich gewinnbringend ausgenutzt werden.
- Die Mehrheit der Lernenden bekundet ihr begründetes Interesse an der Änderung.
- Der Wechsel ist von begrenzter Dauer.
- Die Lernstile bestimmter Schülerinnen und Schüler werden im Sinne von Differenzierung angesprochen.
- Der Richtungswechsel wird als willkommene Abwechslung empfunden.
- Es bleibt einem keine andere Wahl.

Auf die Frage, welche konkreten **Reaktionen** auf *surprises* zu empfehlen sind, findet man in der Literatur kaum Antworten. MÜHLHAUSEN (1994, 203 ff.) schlägt vor, sich im Laufe der Zeit ein Repertoire von Korrektur- und Entstörungsstrategien zuzulegen. Ein solches Überraschungsarchiv könnte persönliche Formulierungshilfen, Fehlerlisten und alternative methodische Schritte umfassen, damit man künftig für ähnliche Überraschungen besser gewappnet ist. Ein englischdidaktisches Beispiel findet man in dem Überraschungstraining von GRESSMANN (1987). Nach erlebten Überra-

Repertoire von Korrektur- und Entstörungsstrategien

schungen, in denen man unangemessen reagiert hat, wird sukzessive ein Katalog günstigerer Reaktionen aufgestellt, der sich besonders auf den Umgang mit Schülerkritik, das Eingehen auf Schülerfehler und die Vermeidung idiosynkratischer sprachlicher Fehler bezieht.

Ergebnisse und Beurteilung

Es existieren keine systematischen Untersuchungen dazu, welche Überraschungen wie, wann, wo auftreten und welche Reaktionen welche Konsequenzen haben. Aus persönlichen Erfahrungen, Gesprächen und argumentativen Nebenbemerkungen in verschiedenen Fachartikeln lässt sich aber schließen, dass *surprises* (und *hijacks*) selbstverständlicher Bestandteil auch des fremdsprachlichen Klassenzimmers sind.

„Unvorhergesehenes ist im Unterricht so sicher wie das Amen in der Kirche." (Mühlhausen 1999, 22)

integrale Bestandteile des Unterrichtsalltags

Unwägbarkeiten sollten nicht als destruktive Ausnahmen ignoriert, sondern als integrale Bestandteile des unterrichtlichen Alltags akzeptiert werden. Man muss sich darauf einstellen, dass sich kein Unterricht so realisieren lässt, wie man ihn am Schreibtisch vorgedacht hat. Eine Lehrkraft kann auch auf für sie überraschende Volten nicht nicht-eingehen; selbst der Versuch, sie zu ignorieren, stellt eine taktische Reaktion dar. Wenn sich die Lehrkraft trotz Vorausplanung den Impulsen der Schülerinnen und Schüler nicht verschließt, die sie während des Unterrichts überraschen, kann echte **Schülerorientierung** entstehen. Die Definition von Leben durch Henry Miller trifft bisweilen auch auf den Unterricht zu: „Leben ist, was uns zustößt, während wir uns etwas ganz anderes vorgenommen haben." (Zit. nach Mühlhausen 1994, 7)

Ein überraschungstoleranter Unterricht muss aber zwei Extreme vermeiden. Einerseits darf er nicht mit Beliebigkeit des unterrichtlichen Handelns verwechselt werden. Es gibt relativ handhabbare Kriterien für die Akzeptanz von Richtungswechseln. Die Profilierungsmanie eines Schülers bei gleichzeitiger Langeweile oder Verärgerung der Mitschüler, aber auch mangelndes emotionales Durchhaltevermögen der Lehrkraft zählen nicht dazu.

Andererseits sollte die Suche nach geeigneten Reaktionen auf *surprises* nicht zu einer kontraproduktiven Formalisierung und **Rezeptierung** degenerieren. Wenn an Überraschungs-Archive, Entstörungs-Arsenale und Korrektur-Repertoires gedacht wird, stellt sich die Frage nach der Offenheit. Ein Zuviel an Planung kann auch die ursprüngliche Intention überraschungstoleranten Unterrichtens *ad absurdum* führen.

Wer *surprises* ernst nimmt, wird vor komplexe Anforderungen gestellt. Die Auseinandersetzung mit entwurfsdiskrepanten Schülerbeiträgen verlangt Geistesgegenwart, situationsadäquates Handeln und zielsprachige Flexibilität des Lehrers. „Wie er auf solche Beiträge eingeht, ist entscheidend für den Unterrichtsverlauf, für den Erfolg der Stunde und nicht zuletzt auch für seine Beziehung zu den Schülern." (MÜHLHAUSEN 1994, 40)

komplexe
Anforderungen

10 *Breaks*

Eine Unterhaltung wurde nie plötzlich oder hektisch begonnen.
Niemand beeilte sich, Fragen zu stellen,
egal wie wichtig sie schienen,
und niemand wurde gezwungen zu antworten.
Eine Pause um nachdenken zu können war die höfliche Art,
eine Unterhaltung zu beginnen und zu führen.

LUTHER STANDING BEAR, LAKOTA SIOUX

Hintergrund

Breaks oder Pausen spielen im fremdsprachendidaktischen Diskurs praktisch keine Rolle. Dies liegt daran, dass sie hinsichtlich Quantität (geringe zeitliche Dauer) und Funktionalität (Phase der Nicht-Arbeit) einen beschränkten Wert aufweisen. Mit ihren methodischen Vorschlägen zur Gestaltung von *breaks* mag WOODWARD (2001, 62–65) einen Beitrag dazu leisten, das Bewusstsein für die didaktische Funktion von Pausen zu wecken.

Begriff

Breaks können als Pause innerhalb einer Unterrichtsstunde zwischen verschiedenen Phasen oder als zeitliches Zwischenspiel zwischen zwei Stunden auftreten.

Ziele

Grundsätzlich erfüllen sie folgende Funktionen:

- Übergang (*transition*, Brücke)
- Mini-Pause bei Ermüdung/Nachlassen der Konzentrationsfähigkeit

Funktionen von Pausen

- Abwechslung
- Beruhigung nach vorhergehender/für folgende Phase
- Aktivierung nach vorhergehender/für folgende Phase
- Abrundung
- Rückblick
- Markierung einer Zäsur
- Berücksichtigung verschiedener Lernstile
- Steigerung der Effektivität

Unterrichtsgestaltung

WOODWARD (2001, 62–65) schlägt für *breaks* die Varianten der Abrundung, der Pause im Klassenzimmer und der Pause außerhalb des Klassenzimmers vor.

Zu den Möglichkeiten des *rounding off* zählt sie:
- Verwendung eines thematisch passenden langen Wortes als Modellier-masse für Betonungsübungen (*clapping out the stress of the word and finding words with the same pattern*)
- Wörter-Domino
- Entschlüsselung von Anagrammen
- Aufforderung, vier neu gelernte Vokabeln aufzuschreiben, von denen Schülerinnen und Schüler glauben, sie bald zu vergessen
- Notieren, was sie in der vorangegangenen Phase verstanden und nicht verstanden haben (Fähigkeit zur Selbstevaluation)

Für eine vollständige **Pause innerhalb des Klassenzimmers** bietet sich Folgendes an:
- ein Wechsel des Kommunikationsmodus (*mother tongue time*: zweimi-nütiges Palaver in der Muttersprache nach vorangehendem Hören; ein-minütiges Schweigen nach vorangehendem Sprechen)
- eine zweiminütige *window break* mit begleitendem Kommentar des Ge-schehens außerhalb des Zimmers
- die Rezitation eines Gedichts
- das Vorspielen eines Songs

Man kann die Schülerinnen und Schüler auch in eine kurze **Pause außer-halb des Klassenzimmers** entlassen und ihnen bestimmte Aufgaben mit auf den Weg geben, die bei der Rückkehr besprochen werden:
- Namen aller beobachteten Farben
- Bezeichnung des lautesten/ruhigsten Objektes
- Beschreibung eines Bildes in der Schulhalle
- Beobachtung über einen Klassenkameraden
- Information über das Verhalten bei einem Feueralarm
- Namen einiger Bücher in der Englisch-Abteilung der Bibliothek

Ergebnisse und Beurteilung

Der Vernachlässigung von *breaks* entspricht die Forschungslage: Es gibt keine empirischen Studien zur Verbreitung und Wirksamkeit von Pausen.

Als Lehrkraft mag man verschiedene Einstellungen zu *breaks* einnehmen. Man kann ihre Notwendigkeit negieren, weil man sie mit Nichtstun, Zeit-verschwendung und Unruhe assoziiert. Man kann sie ohne inhaltliche Ge-staltung einsetzen, um den Schülerinnen und Schülern – und sich selbst – eine kleine Verschnaufpause zu gönnen. Man kann sie auch mit einem spe-ziellen Arbeitsauftrag versehen, wozu Woodward (2001, 62–65) mehrere

keine empirischen Studien

Vorschläge unterbreitet. Nicht alle davon tragen zu einer sinnvollen Öffnung des fremdsprachlichen Unterrichts bei. Einige (z. B. die Ideen für die Pause außerhalb des Klassenzimmers) können dem Klassenzimmerdiskurs jedoch unerwartete und fruchtbare Wendungen geben.

11 Closures

*There is a lot more to closing a lesson
than saying "That's all folks".*

STEVEN PROCTOR

Hintergrund

Der Stundenausstieg *(closure)* ist im fremdsprachendidaktischen Diskurs weitgehend vernachlässigt worden. "There are a lot of books dedicated to informing teachers on how to teach and ... a poverty of practice with regard to how to close a lesson." (PROCTOR 2003, 30)

Hausaufgaben als besondere Form des Stundenausstiegs werden allerdings thematisiert, seit es Schule gibt. Über Sinn und Unsinn der Haus- *Hausaufgaben* aufgaben in pädagogischer, allgemeindidaktischer, psychologischer, sozialer und medizinischer Hinsicht ließen sich viele Argumente austauschen (z. B. PAUELS 1996). Kritiker haben immer wieder auf thematische Übersättigung, mentale Erschöpfung, Reduzierung der Freizeitaktivitäten, Verstärkung des Elterndrucks auf die Kinder, Verlockung zum Betrug, Privilegierung sozial stärkerer Schichten u. ä. aufmerksam gemacht.

Auf fremdsprachendidaktischem Terrain nimmt erst ab den siebziger Jahren das Interesse an Hausaufgaben allmählich zu. Es findet eine verstärkte Auseinandersetzung mit Legitimation, Funktionen, Formen, Kontrolle und Korrektur von Hausaufgaben statt. Vor dem Hintergrund der Neuorientierung des Englischunterrichts gewinnen Konzepte wie Autonomie, Prozessorientierung, Kreativität, Kooperation und Öffnung an Bedeutung und führen auch dazu, über eine Neudefinition der Hausaufgaben zu reflektieren (HEUER/KLIPPEL 1987; PAUELS 1995a; PAUELS 1995b; PAUELS 1996; FREUDENSTEIN 1996; KUNZ 1996; FEHSE/SCHOCKER-VON DITFURTH 1996; ASSBECK 1996; KROHN 1996).

Begriff und Ziele

Closing the lesson erfolgt nicht erst mit dem Schlussgong und der wechselseitigen Verabschiedung, sondern schon einige Minuten vorher.

Man kann dieser Phase **drei grundlegende Funktionen** zuschreiben: *Funktionen des*
Stundenausstiegs
- Abschluss der Stunde
- Brücke zur Hausaufgabe
- Vorbereitung der Folgestunde

Die **Hausaufgabe als spezifische Form des Ausstiegs** erfüllt folgende Aufgaben (HEUER/KLIPPEL 1987, 157):

- Übung (im Unterricht eingeführter Aspekte)
- Rückmeldung (für die Schülerinnen und Schüler über ihren Leistungsstand)
- Entlastung (der Lehrkraft und Unterrichtszeit von Aufgaben)
- Training (von Arbeits- und Lerntechniken)
- Förderung der Kreativität
- Individualisierung des Unterrichts

Differenzierung und Individualisierung

Für offene Hausaufgaben sind insbesondere die letzten zwei Funktionen relevant. Wenn die Aufgabe nicht zu geschlossen ist, erlaubt sie dem Lernenden, eigene Ideen kreativ einzubringen. Ersetzt man ein und dieselbe Aufgabe für alle durch eine Auswahl an verschiedenen Aufgaben, aus denen er die ihn interessierende auswählen kann, wird den Prinzipien von Differenzierung und Individualisierung Rechnung getragen.

Noch radikalere Forderungen stellt FREUDENSTEIN (1996) mit seinen „sechs Grundsätzen für Hausaufgaben." Er wendet sich gegen obligatorische Hausaufgaben im Primarbereich, will Hausaufgaben in den Jahrgangsstufen 11–13 ausschließlich als freiwilliges Angebot sehen und insistiert apodiktisch in seinem fünften Grundsatz: „Hausaufgaben werden grundsätzlich nur auf freiwilliger Basis erteilt." (FREUDENSTEIN 1996, 11)

Unterrichtsgestaltung

Um eine offene Rekapitulation des Stundengeschehens zu ermöglichen, können *action logs* (WOO/MURPHEY 1999) eingesetzt werden. Die Schülerinnen und Schüler schreiben nieder, was sie in der abgelaufenen Stunde gelernt bzw. nicht gelernt haben, ihnen gefallen und nicht gefallen hat und was sie sich für die nächste Stunde wünschen. Eine Reflexion, in der man die wesentlichen Inhalte noch einmal Revue passieren lässt und kritisch beurteilt, kann natürlich auch mündlich und zwanglos erfolgen.

Dialogue journals stellen ein weiteres kooperatives Verfahren dar, das auch gegen Ende des Unterrichts angeraten wird (PEYTON/REED 1990). Diese Konversationen zwischen Lehrkraft und einzelnem Schüler bzw. einzelner Schülerin werden schriftlich in einem vertraulichen Notizbuch festgehalten und in regelmäßigen Abständen zwischen den beiden Personen ausgetauscht. Schülerinnen und Schüler können sich hier alles von ihren Herzen schreiben, und die Lehrkraft antwortet mit authentischen Repliken ohne leistungsbezogene Bewertung und formale Korrektur. Dabei kann sie die

Jugendlichen besser kennenlernen, und die Lernenden bekommen regelmäßige Übung in natürlichem *meaning centred writing*.

Da ein Stundenabschluss gleichzeitig auf etwas Neues verweist, kann die **Planung der Folgestunde** thematisiert werden. Die Integration der Schülerschaft in diese Planung, die Aufforderung an sie zur Einbringung eigener Vorschläge und die (partielle) Berücksichtigung dieser Ideen trägt zur adressatenorientierten Planungsoffenheit bei.

Sollten (bewusst oder unbewusst) am Stundenende noch ein paar Minuten übrig bleiben, kann man sich diverser *fillers* bedienen (z. B. Ur/Wright 1992; Woodward 2001, 69–71). Dazu zählen u. a.:

- *I spy with my little eye something beginning with …*
- *Joke time*
- *Class word domino*
- *What's in my bag?*
- *20 things an object can be used for apart from its normal purpose*

> Es ist ratsam, sich eine persönliche Schatztruhe von 10–20 Stundenfüllern anzulegen, die bei Bedarf geöffnet wird.

Neben den traditionell geschlossenen, übenden, einheitlichen Hausaufgaben gibt es inzwischen eine Reihe von Vorschlägen für offene Hausaufgaben. Bei Woodward (2001, 66) zählen zu den vielen Möglichkeiten, den unterschiedlichen Interessen der Schülerinnen und Schüler gerecht zu werden: *offene Hausaufgaben*

- Vorbereitung eines einminütigen Referats über ein frei gewähltes Thema
- Semantisierende Präsentation von drei neuen Vokabeln
- Kurzzusammenfassung eines gelesenen Textes
- Beschreibung eines seltsamen Objektes
- Auflistung von Pros und Kontras zu einem Thema
- Erstellung eines Wörtersuchrätsels
- Selbstgespräch in der Zielsprache

Offene Formen bei nacharbeitenden Aufgaben (z. B. Sammeln von Beispielsätzen zu einer bestimmten Sprechabsicht), weiterarbeitenden Aufgaben (z. B. Veränderung von im Unterricht behandelten Texten), wiederholenden Aufgaben (z. B. selbstständige Wiederholung einer Struktur mithilfe des Grammatikbuchs) und vorarbeitenden Aufgaben (z. B. Herstellung von Spielmaterial für den neuen Lernstoff) finden sich auch schon bei Heuer/Klippel (1987, 159 f.). Eine Ideenbank mit einer Vielzahl handlungsorientierter Hausaufgaben, die in den verschiedensten Lernsituationen eingesetzt werden können, liefert Pauels (1996, 9). Kunz (1996) stellt kreative Möglichkeiten vor, den selbstständigen Erwerb der *four basic skills* zu fördern. Dass es motivierendere und effektivere Wege des Wortschatzerwerbs als das monotone Abdecken der englischen bzw. deutschen Wörter gibt, zeigt Assbeck (1996).

Ergebnisse

An Vorschlägen für offene Hausaufgabenformen besteht somit inzwischen kein Mangel mehr. Dagegen stellt sich die empirische Überprüfung im Englischunterricht als äußerst spärlich dar. Deswegen sei auf drei umfangreichere Studien verwiesen, die zwar nicht ausdrücklich auf den Fremdsprachenunterricht ausgerichtet waren, aber meines Erachtens übertragbare Ergebnisse liefern: Wolf (1979) mit einer Zusammenfassung verschiedener Länderstudien, Keith (1982) mit der Untersuchung von 20.000 Schülerinnen und Schülern der Abschlussklasse amerikanischer High Schools, Cooper (1989) mit einer Metastudie zu 24 Experimenten seit 1962 (zit. nach Gage/Berliner 1996, 467 f.).

Es zeigte sich übereinstimmend, dass es eine **positive Relation zwischen den Hausaufgaben und der Leistung** gab. Je mehr Hausaufgaben gegeben wurden, desto bessere Schulleistungen wurden tendenziell erbracht.

homework restaurant

Eine kontinuierliche Einbindung von neigungs- und leistungsdifferenzierenden Hausaufgaben in den Englischunterricht der gymnasialen Oberstufe hat Kröger (1999) vorgenommen. Im Zusammenhang mit der Lektüre der Romane *Brave New World* und *The Graduate* entwickelte und erprobte sie ein *homework restaurant*: Unter Berücksichtigung von Fragen der Schülerinnen und Schüler wurde eine Liste von 30–40 Aufgaben zusammengestellt und in drei Gruppen mit unterschiedlichem Schwierigkeitsgrad eingeteilt (*appetizers, main courses, desserts*), aus denen sie *à la carte* wählen konnten. Obwohl keine exakten empirischen Daten aufgeführt werden, scheint implizit ein positives Ergebnis der Praxiserprobung durch.

Beurteilung

Zunächst ist ein Stundenausgang naturgemäß offen aufgrund des nicht gänzlich planbaren Unterrichtsverlaufs. Unerwartete Lernschwierigkeiten oder andere Verzögerungen können das Erreichen der Stundenziele verhindern und den geplanten Ausstieg unpassend erscheinen lassen. Die flexible

Reaktion auf den erreichten Unterrichtsfortschritt erfolgt durch die Wahl einer anderen passgenauen Aufgabe. Wenn sich in der Kürze der Zeit keine weiterführende Aufgabe findet, kann eine eigene Sammlung stunden- und lehrstoffunabhängiger Aufgaben einen Ausweg darstellen.

Je nach Lernstufe, Zielbestimmung, Inhalt, Zeitbudget und Rahmenbedingungen erfüllen Ausstiege unterschiedliche Funktionen. Allein die Wahl des Begriffs *Ausstieg* deutet an, dass man nicht nur Hausaufgaben darunter subsumieren sollte, sondern auch *action logs, dialogue journals*, Planungsgespräche und gelegentlich *time fillers*.

Ausstiegsformen

Was die Hausaufgabentypen betrifft, sind übend-wiederholende Formen notwendig für nachhaltiges Lernen. Im Sinne von Abwechslung und Motivierung sind aber auch offenere Aufgaben sinnvoll, welche zur Differenzierung und Selbstständigkeit beitragen. Die Individualität erschöpft sich nicht darin, dass der Lernende Ort, Zeit und Tempo seiner Hausaufgabenerledigung frei wählen kann. Sie schließt auch ein, dass die Aufgaben auf den individuellen Leistungsstand der Schülerinnen und Schüler bezogen sind, subjektive Relevanz für den Einzelnen entfalten und auch zur späteren fremdsprachlichen Kommunikation mit den Mitlernenden sowie der Lehrkraft animieren. Ein breites Angebot unterschiedlicher Aufgabentypen ist dabei vonnöten – neben produkt- auch prozessorientierte Formen, neben kurzfristigen auch längerfristige Aufgaben, neben form- auch inhaltsorientierte Varianten und solche, die verschiedene Fertigkeiten und Sprachsysteme ansprechen (Pauels 1996; Kunz 1996).

Eine solche Öffnung der Funktionen, Formen und Techniken von (Haus-)Aufgaben stößt in der Unterrichtspraxis natürlich an Grenzen.

Pragmatische Zweifel mag auch Freudensteins Forderung nach der Fakultativität von Hausaufgaben nach sich ziehen. Das Prinzip der Offenheit beinhaltet zwar in letzter Konsequenz, auch die Entscheidung über die Nicht-/Erledigung in die Verantwortung des Lernenden zu legen. Der Verzicht auf den Verpflichtungscharakter verführt aber *in praxi* zum süßen Nichtstun und ist nicht allein mit einem noch nicht genügend trainierten Verantwortungsbewusstsein zu entschuldigen. Als Kompromiss bietet sich gelegentlich eine optionale Variante an, z. B. von einer Auswahl mehrerer Aufgaben muss (mindestens) eine gemacht werden. Mit der **Kontrolle** der Erledigung verhält es sich ähnlich:

Fakultativität von Hausaufgaben

Wenn die Hausaufgabe nicht überprüft wird, dann ist die Verlockung groß, sie zu vergessen, wodurch sie ihre Bedeutung für den weiteren Unterrichtsverlauf einbüßt. Die Sinnlosigkeit einer Hausaufgabe wird dabei deutlich vor Augen geführt.

Sozialformorientierte Lernarrangements

Die Form des zwischenmenschlichen Interaktionsmusters spielt bei den so-
zialformorientierten Konzepten die entscheidende Rolle. ***Cooperative Language Learning*** basiert auf Partner- und Gruppenarbeit (12), ***Community
Language Learning*** rekurriert auf die Therapeuten-Patienten-Beziehung
(13), ***Lernen durch Lehren*** (14) ist charakterisiert durch die Umkehrung
des traditionellen Lehrer-Schüler-Verhältnisses, und der ***frontale Sitzkreis***
(15) vereint zwei – nur scheinbar – widersprüchliche Sozialformen.

12 Cooperative Language Learning

> We destroy the love of learning in children,
> which is so strong when they are small,
> by encouraging and compelling them to work for petty rewards
> – gold stars, or papers marked 100 and tacked to the wall,
> or As on report cards – in short, for the ignoble satisfaction of feeling that
> they are better than someone else.
>
> JOHN HOLT

Hintergrund

Cooperative Language Learning kann als der sprachliche Teilbereich des umfassenderen Konzepts von *Cooperative Learning* oder *Collaborative Learning* gesehen werden.

Cooperative Learning is group learning activity organized so that learning is dependent on the socially structured exchange of information between learners in groups and in which each learner is held accountable for his or her own learning and is motivated to increase the learning of others.

(KAGAN/OLSEN 1992, 8)

peer tutoring

Einen Vorgänger hat *Cooperative Learning* in der Methode des *peer tutoring* – diese ist Teil der Menschheitsgeschichte seit der Frühzeit der Jäger und Sammler, z. B. Eltern, die ihren Sprösslingen lehrten, wie man ein Feuer macht. Seit diesen Zeiten fand *peer tutoring* (oder *peer teaching, peer education, peer learning, partner learning*) in allen Kulturen und Epochen bis heute statt. Man erhoffte sich damit das Erlernen kognitiver und manueller Fertigkeiten sowie die Verbesserung sozialer Beziehungen. Unter den Begriff fallen nicht nur Instruktionsverhältnisse zwischen Gleichaltrigen (*same-age tutoring*), sondern auch zwischen einem älteren *tutor* und einem jüngeren *tutee* (*cross-age tutoring*).

Eine Wiederentdeckung erfuhr *Cooperative Learning* in den USA der sechziger Jahre, als mehrere Schuladministratoren diese Methode als probates Mittel gegen Rassendiskriminierung erachteten (RICHARDS/RODGERS 1986, 192). In der Diskussion um Segregation und Integration der High Schools sollten kooperative Unterrichtsverfahren sowohl die interethnischen Konflikte mildern als auch die schulischen Leistungen aller fördern und rassenbedingte Benachteiligungen abbauen.

Neben dem politisch-soziologischen Kontext haben auch psychologische Erkenntnisse der Methode theoretischen Impetus verliehen.

- In der **Entwicklungspsychologie** ist die Bedeutung der Interaktion für die kognitive Entwicklung seit langem betont worden (z. B. PIAGET 1980; WYGOTSKI 1978).

psychologische Erkenntnisse

- Aus **sozialpsychologischer** Sichtweise schafft die Gruppendynamik, z. B. positive Interdependenz und individuelle Verantwortlichkeit, die Voraussetzungen, dass Gruppen gemeinsam denken und handeln können. Die *Field Theory* überträgt die physikalischen Gesetze magnetischer Anziehung und Abstoßung auf menschliche Gruppen, wodurch drei Formen von Beziehungen zwischen den Gruppenmitgliedern stattfinden können (DEUTSCH 1949):
  - Positive Interdependenz: Was einem Gruppenmitglied hilft, wird als hilfreich für alle gesehen, und was einem Gruppenmitglied schadet, wird als schädlich für alle betrachtet. ▸ Kooperation.
  - Negative Interdependenz: Was einem Gruppenmitglied hilft, wird als schädlich für die anderen gesehen, und was einem schadet, wird als hilfreich für die anderen betrachtet. ▸ Konkurrenz.
  - Keine Interdependenz: Was einem Gruppenmitglied passiert, wird als irrelevant für die anderen erachtet. ▸ Individualistische Haltung.
- Verschiedene Theoretiker in der **kognitiven Psychologie** haben auch auf die intensivere Verarbeitungstiefe und das tiefere Denken (*depth of processing*) hingewiesen, das in einem gemeinsamen Gespräch entstehen kann (BRUNER 1966a; WITTROCK 1974; CRAIK/LOCKHART 1972).
- In der **Motivationspsychologie** fand man die Vorbildwirkung von *peers* heraus, welche als positive Verstärker fungieren können. In einem lehrerzentrierten Klassenzimmer konkurrieren die Schülerinnen und Schüler im Sinne negativer Interdependenz (vgl. oben) gegeneinander um positive Sanktionen wie Lob oder gute Noten. Wenn sie sich dagegen untereinander als positiv interdependent betrachten, werden sie selbst zu Quellen positiver Sanktionen.
- Auch Gardners **Theorie der multiplen Intelligenzen** hat *Cooperative Learning* befruchtet. Von seinen sieben bis neun Intelligenzen spielt in diesem Zusammenhang besonders die interpersonelle Intelligenz eine wichtige Rolle, und die Arbeit in Paaren und Gruppen bietet vielfältige Möglichkeiten, diese Intelligenz zu entwickeln.

Begriff

Cooperative Language Learning versteht sich als Methode, die einen größtmöglichen Gebrauch von kooperativen Lernverfahren wie Partnerarbeit oder Gruppenarbeit machen will. Als sprachenspezifische Sonderform Kol-

kooperative Lernverfahren

laborativen Lernens kann dieser Ansatz auch als Variante von *Communicative Language Teaching* interpretiert werden. Sie ist eine lernerzentrierte Methode, die kommunikative Prinzipien mit kooperativen Strukturen verbindet (Richards/Rodgers 1986, 193, 195).

Ziele

Primäres Ziel ist der Aufbau **kommunikativer Kompetenz** durch sorgfältig strukturierte interaktive Partner- und Kleingruppen-Aktivitäten. Dabei wird aber nicht die formale Gruppenkonfiguration als entscheidendes Merkmal gesehen, sondern die spezifische Art und Weise der Kooperation zwischen Lehrer und Schüler und zwischen Schüler und Schüler.

> *Group activities are the major mode of learning and are part of a comprehensive theory and system for the use of group work in teaching. Group activities are carefully planned to maximize students' interactions and to facilitate students' contributions to each other's learning.*
>
> (Richards/Rodgers 2001, 201)

Die Tatsache, dass die Lernenden in Kleingruppen arbeiten, besagt noch nicht, dass sie kooperieren, um ihr eigenes Lernen zu befördern sowie das Lernen aller anderen Gruppenmitglieder. Was kooperative Lerngruppen von anderen Gruppenaktivitäten unterscheidet, ist die Betonung schulischen Lernerfolgs für jeden Einzelnen und alle in einer Gruppe. Gruppenarbeit wird zum zentralen methodischen Topos, der in einen systematischen Theoriezusammenhang eingebettet ist. Die Gruppe erhöht die Anzahl der Interaktionen und die eigenen kommunikativen Fertigkeiten werden intensiver von den Mitlernenden mitbeeinflusst.

Förderung kooperativer Verhaltensweisen   Große Bedeutung erfährt neben den sprachlichen Zielen die Absicht, kooperative Verhaltensweisen zu fördern und kompetitive Einstellungen abzubauen – nach dem Motto:

Think us, not me!

> *Within cooperative situations, individuals seek outcomes beneficial to themselves and all other group members. Cooperative learning ... may be contrasted with competitive learning in which students work against each other to achieve an academic goal such as a grade of 'A'.* (Johnson u. a. 1994, 4)

Auch die Entwicklung kritischen Denkvermögens wird angestrebt. Der Idealtypus des *empowered learner* ist "capable of – and committed to – high levels of meaningful cooperative inquiry, high levels of independent thought, and active and productive participation in a diverse, democratic society." (Baloche 1998, iii)

Entwicklung kritischen Denkvermögens

Hier wird der politisch-demokratische Anspruch deutlich. Kagan (1994, *chapter 2*) und Baloche (1998, *chapter 1*) weisen auf die sozialen, ökonomischen und demografischen Umwälzungen in den USA hin und fordern die Schulen auf, die Schülerinnen und Schüler auf diese Wandlungsprozesse vorzubereiten. Kooperative Erfahrungen im Unterricht sind dabei unabdingbar "if we hope to make possible the democratic ideal of informed and equal participation." (Kagan 1994, 2, 10)

Neben den politischen Zielen will *Cooperative Language Learning* schließlich Lern- und Kommunikationsstrategien vermitteln, die Motivation erhöhen, Stress vermindern und allgemein eine entspannte Unterrichtsatmosphäre schaffen (Richards/Rodgers 1986, 193).

Vermittlung von Lern- und Kommunikationsstrategien

Unterrichtsgestaltung

Da Kleingruppen das hervorstechende Merkmal von *Cooperative Language Learning* sind, kommt der Gruppenbildung eine wichtige Rolle zu. Die Gruppengröße ist zwar abhängig von Lernziel, vorhandener Zeit und Aufgabenstellung, im Regelfall umfasst eine Gruppe aber nicht mehr als vier Personen. Die Zuweisung der Personen zu einer Gruppe kann grundsätzlich dem Zufall (Zufallsgruppen), den Schülerinnen und Schülern selbst (Wahlgruppen) oder der Lehrkraft (Nachbarschaftsgruppen) überlassen werden; für letzteres spricht die Möglichkeit, eine wünschenswerte leistungsmäßige, ethnische oder geschlechtsspezifische Heterogenität der Gruppe sicherzustellen.

Was den **Typus** einer Gruppe betrifft, unterscheiden Johnson u. a. (1994, 4 f.) drei Formen:

- *Informal cooperative learning groups*
- *Formal cooperative learning groups*
- *Cooperative base groups*

Gruppenbildung

Die drei Typen sind hier geordnet nach zunehmender Formalisierung, Dauer (*ad-hoc*-Gruppe für ein paar Minuten – eine Unterrichtsstunde bis mehrere Wochen – mindestens ein Jahr) und Anforderungsdichte. Auf der Basis von Zeitdauer, Gruppenzusammensetzung, Aufgaben und Zielsetzung unterscheidet Gudjons (1993, 14 f.) sechs Formen; da Gudjons nicht speziell auf Fremdsprachenlernen rekurriert, sind in der letzten Spalte möglige Beispiele aus dem Englischunterricht (EU) für jeden Typus angeführt:

Typen von Gruppenarbeit (GA)

Typus	Zeitdauer	Gruppe	Ziel	Beispiel EU
Tägliche Klein-GA	Täglich	Verschiedene Lernschwierigkeiten	Binnendifferenzierung	Arbeitsblätter unterschiedlichen Schwierigkeitsgrades zur Grammatik
Kurzzeitige themengleiche Klein-GA	Kurzzeitig	Gruppe arbeitet an gleichem Thema	Bearbeitung von Informationen	Übungen zur Lexis
Arbeitsteilige Klein-GA	Mehrere Stunden	Gruppe arbeitet an verschiedenen Themen	Bearbeitung verschiedener Aspekte	Beschäftigung mit verschiedenen Facetten eines landeskundlichen Themas
Funktionalistische GA	Immer wieder – zeitlich begrenzt	Gruppe bearbeitet vorgegebene Aufgabe	Je nach Aufgabe bestimmte Funktion für Unterrichtsablauf	Lektüre eines Romans: Charakterisierung von Personen
GA im Konzept eines Offenen Unterrichts	Unterschiedliche Dauer	Flexible Zusammensetzung	Unterschiedliche Projekte	Durchführung von Interviews
Kleingruppe als ständige Arbeits- und Sozialform (Tischgruppe)	Permanent	Fixe Gruppen	Unterschiedlich	Alle Aufgaben

Nachdem die Gruppen gebildet sind, können die Aufgaben angegangen werden. Der Beschreibung der interaktiven Aktivitäten widerfährt bei den Vertretern von *Cooperative Language Learning* die größte Aufmerksamkeit (z. B. KAGAN 1994; SLAVIN 1995; BALOCHE 1998; auch DÖRNYEI/MURPHEY 2004 und NÜRNBERGER PROJEKTGRUPPE 2003). COELHO (1992, 132) beschreibt drei grundlegende Aufgabenarten, die sich nach Struktur, Input und Intention unterscheiden:

Aufgabenarten

(1) *Team practice:* gemeinsamer Input – Training von Fertigkeiten und Beherrschung von Fakten

(2) *Jigsaw:* vorbestimmter, arbeitsteiliger Input – Bewertung und Synthese von Tatsachen/Meinungen

(3) *Cooperative projects:* Input durch Schülerinnen und Schüler – entdeckendes Lernen

Eine noch differenziertere Klassifizierung nimmt H<small>UBER</small> (2001, 225–233) vor, der **fünf Organisationsmodelle** vorstellt:

(1) Partnermodelle

(2) Expertenmodelle

(3) Problemlösungsmodelle

(4) Projektmodelle

(5) Fraktales Modell

Diese fünf Ansätze sind nach zunehmender Komplexität der Aufgabenstellung und des Organisationsbedarfs angeordnet:

(1) Den Beginn machen klassische **Tutoring-Paare**, bei denen sich zwei Partner wechselseitig unterrichten.

(2) Das **Expertenmodell** gleicht dem *jigsaw* (vgl. oben und unten) und dient dem Wissenserwerb.

(3) **Dialektische Probleme** ohne eindeutige Zielvorgabe und Sollwert für die Lösung eignen sich für das nächste Modell.

(4) Das vierte Modell beschreibt den **Projektunterricht**.

(5) Mit dem **Fraktalen Modell** wird schließlich die innovativste Organisationsform propagiert, die eine gesamte Klassenstufe nach Lerninseln strukturiert und die Schülerinnen und Schüler nach Expertengruppen, Kleingruppen und individuellen Lernern aufgliedert; sämtliche Klassen einer Jahrgangsstufe an einer Schule können hier in einem interdisziplinären Rahmen umfasst werden.

Die wohl umfassendste Darstellung kooperativer Strukturen liefert K<small>AGAN</small> (1994, *chapters* 6–20). In seinem strukturellen Ansatz geht er von einem *element* als der kleinsten Einheit sozialer Interaktion aus (z. B. *partner interview*). Ein oder mehrere Elemente fügen sich zu einer *structure* zusammen (z. B. *three-step interview*). Wenn die Struktur mit Inhalt (z. B. Frage: *What did you learn?*) gefüllt wird, entsteht eine *activity*. Verschiedene Aktivitäten können in eine Unterrichtsstunde eingebettet werden, wobei ein *lesson design* nicht nur kooperative Aktivitäten aufweisen muss, sondern lehrerzentrierte, individualisierende und kooperative *activities* zielgerecht kombinieren kann. K<small>AGAN</small> stellt insgesamt 92 Strukturen vor, die er sechs Funktionen zuordnet: *teambuilding, classbuilding, communication building, information exchange, mastery, thinking skills.* Jede Struktur zeitigt eine andere Wirkung,

lesson design

und wenn die Lehrkraft die spezifische Funktionalität verschiedener Strukturen kennt, kann sie für ein bestimmtes Stundenziel die passenden Verfahren auswählen.

zehn populäre Verfahren

Wenn man die Literatur zu *Cooperative Language Learning* durchsieht, fällt die zentrale Rolle der *pair* und *group activities* auf (KESSLER 1992; KAGAN 1994; JOHNSON u. a. 1994; SLAVIN 1995; BALOCHE 1998; RICHARDS/RODGERS 1986). In der folgenden Tabelle sollen deshalb zehn der populärsten Verfahren mit ihren intendierten Wirkungen beschrieben werden.

Verbreitete *pair/group activities*		
Name	*Description*	*Function*
Cooperative cooperation	1. Students learn about a topic. 2. Students form groups of four, which divide into pairs. 3. One pair is pro, the other pair is con. They prepare to present their opinion. 4. First pair presents opinions, the other pair takes notes. 5. They debate back and forth. 6. Pairs reverse roles and repeat steps (3)-(5). 7. Students attempt to achieve consensus.	Cognitive conflict, debating, presenting and justifying opinions, changing perspectives, reaching a consensus
Jigsaw	1. Each team gets a task with as many sub-tasks as there are members. 2. Students begin their special activity in their home team. 3. Each member leaves the home team to form an expert team with members of other home teams. 4. Students return to their home teams and contribute their expert knowledge to the overall task.	Positive interdependence (common goal), individual accountability (unique expert knowledge), feeling of support from peers, suitable environment for risk-taking

Verbreitete *pair/group activities*		
Name	*Description*	*Function*
MURDER	**M**ood: Create a relaxed mood **U**nderstand: Understand the section by reading silently **R**ecall: Summarize the main ideas (one member) **D**etect: Listen to errors and omissions in the summary (other member) **E**laborate: Elaborate on the ideas in the section (both) **R**eview: Summarize the whole passage (both)	Performing thinking tasks, summarizing and elaborating on reading material
Numbered heads	1. Students number off in teams. 2. Teacher asks a question. 3. Students put their heads together and answer the question. 4. Teacher calls a number. 5. Student with that number answers.	Antidote to traditional whole-class question with its negative interdependence
Pair check	1. Students work in groups of four, divided into two pairs. 2. One member of each pair thinks aloud while writing solutions to a problem, the other observes. 3. The observer gives feedback, and the pair attempts to agree on a solution. 4. Pair members reverse roles for the next problem, repeating steps 2 and 3.	Scaffolding, all students staying on task, coaching and encouraging, lots of correction opportunities
Round table (Round robin)	1. First student makes a contribution on a piece of paper. 2. He/She passes the pen and paper to the second student. 3. Each student in the team makes a contribution (procedure done orally: round robin).	Taking turns at contributions, brainstorming, checking for acquisition and comprehension, livening up drill

Verbreitete *pair/group activities*		
Name	*Description*	*Function*
STAD (Student Teams Achievement Divisions)	1. Teacher presents material. 2. Teacher asks heterogeneous teams of learners to study together in preparation for a quiz. 3. Each student contributes to team rewards based on a comparison of this quiz score and their average on past quizzes.	Mastery of basic facts and information, fostering prosocial behaviour, high motivation
Talking chips	1. Each group member starts with three chips. 2. Each time they speak, they must give up one chip. 3. When they have no more chips, they cannot speak again (except to ask questions) – until everyone has used all their chips.	Group functioning, encouraging all group members to speak, awareness of equal participation
Think-pair-share	1. Teacher poses a question. 2. Students think of an answer. 3. Students discuss with their partners. 4. Students share their answers with the class.	Promoting thinking skills, simple tool for solving problems
Three-step interview	1. Students are in pairs: interviewer and interviewee. 2. Students reverse their roles. 3. Students share ideas with their team members (round robin form).	Simple structure for sharing information, relating personal experiences, motivating introduction to a topic

Learning Together

Neben KAGANS *Structural Approach* existieren noch zwei Schulen kooperativen Lernens, z. B. *Learning Together* und *Curriculum Specific Packages* (KAGAN 1994, *chapter* 5). Bei *Learning Together* folgen die Lehrerinnen und Lehrer 18 Schritten, die in 5 Hauptgruppen gegliedert sind (Zielbestimmung, Entscheidungen über Gruppenbildung und Material, Vermittlung der Aufgaben und Lernprozesse, Betreuung und Hilfe, Evaluation). Hier wird den Lehrenden also eine systematische Planungshilfe für die Gestaltung kooperativen Unterrichts an die Hand gegeben. Wer nicht nur eine Stunde plant, sondern ein längeres Projekt durchführen will, kann sich aus verschiedenen kooperativen Entwürfen bedienen (KAGAN, *chapter* 19, *project designs*).

Bei den *Curriculum Specific Packages* wird ein bestimmter Inhalt mitsamt Material zu einem ganzen curricularen Paket geschnürt (z. B. CIRC: *Cooperative Integrated Reading and Composition*, ein Programm zur integrativen Förderung von Lesen, Schreiben, Orthografie, Vokabular und Textverständnis).

Curriculum Specific Packages

Zwei typische Unterrichtsstunden auf der Basis von *Cooperative Language Learning* werden von RICHARDS/RODGERS (1986, 200 f.) und LARSEN-FREEMAN (2000, 164 ff.) dargestellt. Die erste Stunde (*composition writing*) macht deutlich, wie sich Paare beim Prozess des Schreibens und Editierens gegenseitig in vielfältiger Weise unterstützen können. Beim zweiten Beispiel wird zunächst eine Lese-Wortschatz-Stunde ausführlich beschrieben und anschließend anhand von neun Beobachtungen und Prinzipien ausgewertet; dabei fällt neben einem eifrigen Training der sprachlichen Fertigkeiten die hervorgehobene Bedeutung sozialen Lernens auf.

Ergebnisse

Cooperative Language Learning gehört zu den empirisch am extensivsten untersuchten innovativen Lernmethoden. Über 1000 Forschungsstudien haben sich mit den Auswirkungen von Kooperation und Konkurrenz beschäftigt (vgl. die Übersichten bei BALOCHE 1998, 3–7; SLAVIN 1995, 19–70; KAGAN/OLSEN 1992, 4–7; KAGAN 1994, *chapter* 3). Insgesamt zeichnen die Untersuchungen ein positives Bild dieser Methode.

> Was *academic achievement* betrifft, kommt eine Metaanalyse von 122 entsprechenden Studien zu dem Schluss, dass *Cooperative Language Learning* in allen Altersgruppen, Fächern und Aufgabentypen (außer Auswendiglernen und Dekodierungsaufgaben) zu höheren schulischen Leistungen führt als kompetitive oder individualisierende Methoden.

Mehrere Studien zeigen, dass die größten Erfolge bei Minoritäten-Schülerinnen und Schülern sowie durchschnittlich und unterdurchschnittlich begabten Lernenden auftraten. Gleichwohl schnitten überdurchschnittliche Lernende mindestens genauso gut ab wie in traditionell unterrichteten Klassenzimmern. Dies mag zunächst überraschen, da sie doch beträchtliche Zeit mit schwächeren Schülerinnen und Schülern verbrachten. Durch die Notwendigkeit wiederholten Erklärens gegenüber den Schwächeren sei jedoch ihr Verständnis gestärkt worden, besonders wenn ausführliche Erläuterungen und nicht kurze Antworten vonnöten waren. Diese Erkenntnis ist wohl für viele Lehrkräfte nachzuvollziehen, deren eigenes Wissen und Verstehen durch das Lehren intensiviert wurde (*If you teach you learn twice*). BALOCHE meint denn auch

> *well structured, learning goals that are designed to emphasize cooperation tend to promote higher achievement than learning goals that are designed to emphasize either individualism or competition.* (BALOCHE 1998, 3)

Auch die Resultate hinsichtlich *social and personal development* sind positiv. Mehrere Untersuchungen berichten über eine günstige persönliche Entwicklung und prosoziale Verhaltensweisen und konstatieren beispielsweise:

social and personal development

- Stärkere Selbstachtung
- Ausgeprägteres Bewusstsein der geistigen Fähigkeiten
- Größere Selbstbestimmung
- Höhere Erwartungen an sich selbst
- Größere intrinsische Motivation
- Stärkere Schulzufriedenheit
- Größere Zuneigung zu Mitschülern
- Geringere ethnische Diskriminierung und weniger Rassenstereotypen
- Stärkere Akzeptanz lernschwächerer Mitschüler
- Mehr leistungsfördernde Gruppennormen
- Altruistischere Tendenzen
- Häufigerer Perspektivenwechsel (Sichhineinversetzen in andere)

In mehreren Untersuchungen wurde auch speziell das Sprachenlernen überprüft und der Tenor lautet:

> *CL offers more opportunity for language development and for integrating language with content through increased active communication (active use of language both comprehending and producing), increased complexity of communication, and use of language for academic and social functions.* (KAGAN/OLSEN 1992, 5)

Die positiven Resultate werden also zunächst auf die **aktivere Beteiligung** der Lernenden am Unterricht zurückgeführt. In einem traditionellen Klassenzimmer, wo das Gespräch sequenziell strukturiert ist, kommt ein Schüler bzw. eine Schülerin nur auf einen sehr niedrigen Redeanteil. Da in einem *Cooperative-Language-Learning*-Klassenzimmer bis zu 80 % der Zeit für Schülerkommunikation zur Verfügung steht und diese Gespräche simultan stattfinden, erhöht sich die aktive Kommunikation für alle. Besonders profitierten von vermehrten Kommunikationsanteilen wiederum die Schülerinnen und Schüler mit eingeschränkter Leistungsfähigkeit.

Förderliche Auswirkungen wurden zudem durch die **höhere Komplexität der Kommunikation** festgestellt. In kooperativen Gruppen war der Diskurs durch größere Mengen an Erklärungen, Neuformulierungen, Paraphrasierungen, Zusammenfassungen, Ergänzungen, Wiederholungen, Begründungen und Ausweitungen charakterisiert. Die sozialen Funktionen der Sprache manifestierten sich deutlich (z. B. Bitte um Erklärung, Zustimmung/Ablehnung, höfliche Unterbrechung). Auch non- oder paralinguistische Merkmale wurden stärker eingesetzt.

Außerdem konstatierte man ein **gesteigertes Verständnis**. Es war im Interesse jedes einzelnen Schülers, dass er von seinen Mitlernenden verstanden wurde, denn die Belohnungen für alle waren umso größer, je mehr jeder Einzelne lernte. Unterscheidet man zwischen *display questions* und *referential questions* (geschlossene und offene Fragen), so bietet *Cooperative Language Learning* eine größere Notwendigkeit für *referential questions*, mit denen die Schülerinnen und Schüler herausfinden wollen, was die anderen jeweils wissen und meinen.

Insgesamt zeichnet das extensive Forschungsmaterial somit ein sehr positives Bild von *Cooperative Language Learning*.

> *In general, for any desired outcome of schooling, administer a cooperative learning treatment and about two-thirds of the time there will be a significant difference between the experimental and control groups in favor of the experimental groups.* (SLAVIN 1995, 69)

Einschränkend kann jedoch angeführt werden, dass diese Kontrollgruppen stets kompetitiv (oder individualisierend) orientierte Gruppen waren, z. B. *Cooperative Learning* also immer mit einem bestimmten (konträren) Typus von Lehre verglichen wurde und nicht mit anderen ebenfalls schülerzentrierten Ansätzen. Auch hat sich der Großteil der Studien nicht speziell mit Fremdsprachenlernen beschäftigt und die Studien wurden weitgehend im anglo-amerikanischen Raum durchgeführt.

kompetitive Orientierung

Beurteilung

Cooperative Language Learning versteht sich als schülerzentrierte Antipode zu lehrerdominiertem Frontalunterricht.

Bei letzterem herrschen die Lehrer-Schüler-Interaktionen vor. Wenn dagegen Gruppen gebildet werden, treten Schüler-Schüler-Interaktionen in den Vordergrund, und der Unterricht wird offener, da es von den Lernenden abhängt, wie viel Aktion und Verantwortung sie für den Stundenverlauf übernehmen.

methodische   Die Offenheit des Ansatzes zeigt sich auch in seiner methodischen Flexi-
Flexibilität   bilität und Adaptierbarkeit. Mit dem kommunikativen Ansatz verbindet *Cooperative Language Learning* die Interaktivität, die Erhöhung von *student talk* und die Notwendigkeit der *negotiation of meaning*. Die Methode weist aber auch Parallelen mit anderen offenen Ansätzen auf, etwa *Task Based Language Learning* oder Projektunterricht. "One essential tenet of cooperative learning is the notion that any exercise, course material, or objective … may be reformulated into a cooperative experience." (GOODMAN 1998, 6)

Allerdings bedeutet die Vielfalt kooperativer Ansätze auch, dass es Unterschiede im Grad der Öffnung oder Geschlossenheit gibt.

Some of the methods are tightly structured and have clearly defined learning objectives which are assessed frequently by individual quizzes and exams. Direct instruction often is an important component of a cooperative learning lesson.   *(KAGAN 1994, 1, 3)*

Der Erfolg von *Cooperative Language Learning* hängt von der Planung und Durchführung der Gruppenarbeit ab. Die Aufteilung einer Klasse in Gruppen führt noch nicht automatisch zu kooperativem und effektivem Lernen. Dafür sind klare Aufgabenstellungen, Zielvorgaben und Zeitlimits für Aktivitäten vonnöten. Bestimmte Lernvoraussetzungen und die für Gruppenarbeit nötigen Methodenkompetenzen müssen gegeben sein. Auch ist nicht jedes Thema für diese Form kooperativen Handelns geeignet. Besonders muss eine förderliche Gruppenkultur geschaffen werden, für die die Lehrkraft, die Gruppe als Ganzes und die einzelnen Gruppenmitglieder Sorge tragen.

Um diese Gruppenkultur gedeihen zu lassen, müssen zunächst Gruppenregeln gemeinsam aufgestellt und akzeptiert werden, z. B. Erwartungen hinsichtlich Geräuschpegel. Des Weiteren sind Gruppennormen, etwa Hilfsbe-

reitschaft, Vertrauen, Akzeptanz von Unterschieden oder Partizipations-
gleichheit, langsam aufzubauen. Die notwendigen sozialen Einstellungen *Gruppenregeln und*
und Verhaltensweisen wie Teamwork, reflektives Zuhören, aktive Unter- *Gruppennormen*
stützung, konstruktive Kritik und wechselseitiges *coaching/tutoring* bedürfen permanenten Trainings.

Ein weiterer wesentlicher Faktor dieses notwendigen Gruppenklimas ist
die Existenz positiver wechselseitiger Abhängigkeit, positiver Interdependenz eben (vgl. oben sowie KAGAN/OLSEN 1992, 8 ff.). Erkennen die Lernenden, dass sie ihre Ziele nur dann erreichen, wenn die anderen Mitglieder
der Gruppe sie auch erreichen, dann können leistungsbejahende Normen
aufgebaut werden. Als Konsequenz für die Leistungsmessung ergibt sich die
Forderung, positive Sanktionen für die einzelnen Mitglieder vom Erfolg der
gesamten Gruppe abhängig zu machen.

Wenn allerdings der Sanktionierungsmodus nur von der Qualität der
Gruppenprodukte abhängt, treten häufig leistungsmindernde Effekte auf
wie *social loafing* (Trittbrettfahren) oder der *sucker effect* (Motivationsver-
lust der Leistungsstarken). Deshalb muss die Belohnung der Gruppe und
ihrer Mitglieder auch davon abhängig gemacht werden, welche Leistung
das individuelle Mitglied erbracht hat (z. B. durch Bewertung individueller
Verbesserungen gegenüber früheren Tests). Die Betonung positiver Interdependenz darf also nicht zu einer Geringschätzung individueller Verantwortlichkeit führen (*individual accountability* – KAGAN/OLSON 1992).

Zum Gruppenklima und zur *individual accountability* trägt auch die Zuweisung von Funktionen an die einzelnen Mitglieder bei. Sie können dabei *Zuweisung von*
folgende Rollen einnehmen: *Funktionen*

- *Gatekeeper (monitor)*
- *Cheerleader (encourager)*
- *Taskmaster (supervisor)*
- *Secretary (recorder, reporter)*
- *Checker (explainer)* oder
- *Quiet captain* (KAGAN/OLSEN 1992, 10).

Die Rollen sollten nicht statisch fixiert werden, sondern zum einen öfters
gewechselt werden, um den Mitgliedern die Gelegenheit zu geben, neue
Aufgaben kennenzulernen, und zum anderen der jeweiligen Aufgabe spezi-
fisch angepasst werden.

Die Notwendigkeit kooperativer Lernarrangements liegt auf der Hand. In
beruflichen, gesellschaftlichen, wissenschaftlichen und politischen Bereichen müssen Menschen zusammenarbeiten, um Ziele zu erreichen (z. B.
BALOCHE 1998, 6–11). "The most frequent reason for individuals to be fired

from their first job is not lack of job related skills, but rather lack of interpersonal skills." (KAGAN 1994, *chapter* 1, 1) Um die Schülerinnen und Schüler für die Realitäten außerhalb und nach der Schule vorzubereiten, sind kooperative Muster in den Unterricht einzubauen. Da die Welt aber nicht nur kooperativ, sondern auch kompetitiv und individualistisch strukturiert ist, kann es für die Welt *en miniature* im Klassenzimmer keinen Monopolanspruch auf kooperative Lernarrangements geben, eher

Vorbereitung auf außerschulische Realität

> "a healthy balance of cooperative, competitive, and individualistic classroom structures to prepare students for the full range of social situation." (KAGAN 1994, 1)

13 Community Language Learning

> As whole persons,
> we seem to learn best
> in an atmosphere of personal security.
>
> CHARLES CURRAN

Hintergrund

Inspiriert wurde *Community Language Learning* vor allem von drei Richtungen, dem psychologischen *counseling*, der humanistisch-holistischen Tradition und bilingualen Ausbildungsprogrammen (RICHARDS/RODGERS 1986, 113–118; THOMAS 1987, 36 f.):

- Das **counseling**, das auf die klientenzentrierte Gesprächsführung nach Carl Rogers zurückgeht, stellt das Gespräch zwischen *counselor* und *client* in den Mittelpunkt. Die affektiven Äußerungen des Klienten, der seine Gefühle nicht adäquat ausdrücken kann, werden vom Psychologen in einer warmen Atmosphäre in die Sprache der Kognition übersetzt, *drei Vorläufer* wodurch der Klient allmählich zu einem besseren Verständnis seiner selbst gelangt.
- *Community Language Learning* steht auch in der Tradition **humanistisch und holistisch** geprägter Denkrichtungen. Die Vernachlässigung der emotionalen Seite des Menschen zugunsten übertriebener Kognitivierung wird dabei beklagt und die Einbeziehung des ganzen Schülers in den Lernprozess postuliert. Die Konkurrenzorientierung wird abgelehnt, dafür das Bedürfnis des Menschen nach Gemeinschaftserlebnissen und der kooperative Charakter des Lernens betont.
- Schließlich finden sich bei *Community Language Learning* Spuren bestimmter **bilingualer Sprachprogramme**, die auch als *language alternation* bekannt sind. Dabei wird der Unterricht zunächst in der Muttersprache geführt, anschließend werden die gleichen Äußerungen in die Zielsprache übertragen. Durch diesen Wechsel erhofft man sich eine Verankerung zielsprachlicher Elemente beim Lernenden.

Begriff

Community Language Learning wurde in den siebziger Jahren von dem Priester und Psychologen CHARLES CURRAN entwickelt. Der Schüler von Carl Rogers begründete zunächst das *Counseling Learning*, das sich mit der Psychologie des ganzen Menschen in der Erziehung beschäftigt, und leitete daraus später das sprachorientierte *Community Language Learning* ab.

Zentrales Merkmal dabei ist das psychotherapeutische Paradigma, nachdem das L2-Lernen in einer wohltuenden **Therapeuten-Klienten-Beziehung** verläuft, wobei die Lehrkraft die Therapeutenrolle und die Schülerinnen und Schüler die Klientenrollen einnehmen.

Ziele
Spezifische fremdsprachenbezogene Ziele werden von Curran nicht formuliert, da Sprachlernen in die umfassendere Perspektive der Person in seiner Ganzheit einbezogen wird.

> „Das Hauptziel scheint jedoch darin zu bestehen, dem Lerner die Gelegenheit zu verschaffen, in der Fremdsprache ein neues Selbst aufzubauen." (THOMAS 1987, 43)

anhaltendes Schüler-Interesse und -Engagement

Um diesen Anspruch einlösen zu können, durchläuft er fünf *stages of growth,* die an fünf ontogenetische Stufen allgemeiner Entwicklung angelehnt sind (CURRAN 1972, 11). Außerdem behaupten die Vertreter von *Community Language Learning,* „konstruktives Lernen zu fördern, das sich in andauerndem Interesse und Engagement des Lerners auch lange Zeit nach der Beendigung eines Sprachkurses dokumentiert." (THOMAS 1987, 43)

Unterrichtsgestaltung
Obwohl jede *Community-Language-Learning*-Stunde einzigartig ist, lassen sich in der Regel drei etwa gleich lange Phasen unterscheiden (THOMAS 1987, 43–51):

(1) Nachdem die Schülerinnen und Schüler in einem Kreis auf ihren Stühlen Platz genommen haben, wird in der ersten Phase der Lernprozess durch eine von den Lernenden initiierte Unterhaltung in Gang gesetzt.

drei Phasen

Die Unterhaltung folgt den fünf Stufen, die von CURRAN mit dem Wachstums- und Entwicklungsprozess vom Kind über die Pubertät zum Erwachsenen verglichen werden und reflektiert eine wachsende fremdsprachliche Sicherheit und Unabhängigkeit des Lerners. Der Schüler-Klient teilt dem Lehrer-Therapeuten in der Muttersprache mit, was er der Klasse sagen möchte. Der Lehrer stellt sich hinter den Schüler und flüstert ihm eine L2-Übersetzung des gerade Gehörten ins Ohr. Darauf hin wendet sich der Schüler an die Gruppe und präsentiert seine Ideen. Mit zunehmender Dauer werden die Lernenden immer unabhängiger, gebrauchen die Fremdsprache immer selbstbewusster und benötigen die Hilfe des Lehrers immer seltener. Das Gespräch, das ausschließlich von den Schülerinnen und Schülern initiiert und gesteuert wird, wird mittels Mikrofon auf die im Kreismittelpunkt stehende Audiokassette aufgenommen. Diese Prozedur aus **Artikulation, Übersetzung, Imitation und Aufnahme** wiederholt sich mit wechselnden Teilnehmern solange, bis genügend Tonmaterial vorhanden ist.

(2) Dies bildet die Grundlage für die zweite Phase der Sitzung, wobei die aufgezeichneten **schülereigenen Texte analysiert** werden. Sie werden zunächst mehrmals Satz für Satz vorgespielt, an der Tafel fixiert, übersetzt und lexikalisch sowie grammatikalisch systematisch erläutert. Anschließend wird der transkribierte Text von der Lehrkraft vorgelesen, von den Lernenden niedergeschrieben und in darauf folgender Partner- oder Gruppenarbeit weiter vertieft.

(3) Jede Sitzung schließt mit einer **Reflexions- oder Evaluationsphase** ab. In diesem dritten Teil können die Lernenden ihre Erfahrungen thematisieren, zwischenmenschliche Konflikte artikulieren, offene Fragen stellen und somit die Lernerfahrung holistisch verarbeiten.

Ergebnisse

Die wenigen vorliegenden Untersuchungsergebnisse und Erfahrungsberichte (THOMAS 1987, 52–58) scheinen die Überlegenheit von *Community Language Learning* gegenüber herkömmlichen Methoden zu dokumentieren. So wiesen nicht nur im emotional-affektiven Bereich (größere Eigenverantwortlichkeit für den Lernprozess, positiveres Selbstkonzept, stärkere Motivation, positivere Haltung gegenüber der Zielsprache), sondern auch im linguistischen Bereich (allgemeine Sprachbeherrschung, Sprech- und Kommunikationsfähigkeit, gleichzeitiges Erlernen zweier Sprachen) die Teilnehmer an *Community-Language-Learning*-Kursen gewisse Vorteile gegenüber den Absolventen traditioneller Sprachkurse auf.

viele Vorteile, aber mangelnde Aussagekraft

Allerdings besitzen die meisten Ergebnisse nur sehr geringe Aussagekraft, da sie oft grundlegenden wissenschaftlichen Ansprüchen nicht genügen. Mangelnde Beschreibung des Testaufbaus, fehlende statistische Angaben, kleine Stichproben, kurzer Zeitraum und/oder außergewöhnliche Struktur der Probandengruppe verhindern die Überprüfbarkeit oder schränken die Repräsentativität ein. Es bedarf noch vieler umfangreicher Studien "before broad generalizations can be drawn as to the ultimate value of this approach." (GALLAGHER, zit. nach THOMAS 1987, 58)

Beurteilung

Community Language Learning postuliert viele der Dimensionen, die für offenen Englischunterricht relevant sind. Eine differenziertere Betrachtung weist jedoch auch bestimmte Problembereiche auf.

Diese Methode beschränkt sich nicht auf fremdsprachenspezifische Lernziele, sondern will die ganze Persönlichkeit des Schülers bzw. der Schülerin in den Lernprozess involviert sehen. CURRAN und seinen Anhängern gebührt die Ehre, die Notwendigkeit einer holistischen Sicht des Sprachlernprozesses nicht nur erkannt, sondern diese auch im Unterrichtsgeschehen implementiert zu haben. Das Mittel zur Erreichung dieses Ziels bereitet *Probleme* jedoch Probleme. CURRAN überträgt das aus der Psychotherapie bekannte Mittel des *counseling* auf den fremdsprachendidaktischen Bereich, was nicht automatisch möglich ist (THOMAS 1987, 60 ff.). Es werden auch hohe Anforderungen an den *counselor*-Lehrer gestellt, der nicht nur psychologische Sensibilität mitbringen muss, sondern sich auch jeder Manipulation des *client*-Schüler zu enthalten hat. Die Gefahr des Missbrauchs ist jedoch nicht auszuschließen.

CURRANS holistische Sicht der Lernenden ist darüber hinaus angereichert mit religiösen Untertönen und die Frequenz theologischer Termini in den Schriften des Psychologen und Priesters ist sehr hoch. Mit seiner *incarnate-redemptive relationship* zwischen Schüler und Lehrer postuliert er das Ziel einer Auferstehung des *client*, die Entstehung eines neuen Selbst nach dem Tod des alten Ichs. Eine entspannte Atmosphäre, in der sich die Schülerinnen und Schüler sicher fühlen, spielt eine herausragende Rolle, "probably no method attaches greater importance to this aspect of language learning than does Community Language Learning." (RICHARDS/RODGERS 1986, 123) Damit die Lernenden ihre defensiven Orientierungen aufgeben und sich selbstbewusst auf ihren Lernprozess konzentrieren können, bedürfen sie einer Unterrichtsatmosphäre, die ihnen das Gefühl persönlicher Sicherheit vermittelt. Sowohl Lehrer (*knower*) als auch Schüler (*learner*) müssen sich sicher fühlen und offen sein, damit der Lernprozess einen fruchtbaren Verlauf nehmen kann.

Community Language Learning ist nicht konkurrenzorientiert, sondern **kooperativ** ausgerichtet. Zwischenmenschliche Beziehungen und Gemeinschaftserlebnisse werden betont, wobei *community* mehr bedeutet als *group*: die Mitglieder befinden sich in einem quasi-vertraglichen Verhältnis zueinander, Positionswechsel zwischen Schüler und Lehrer sind möglich, das Innenverhältnis ist dynamisch und flexibel.

Die asymmetrische Struktur des Lehrer-Schüler-Verhältnisses soll aufgebrochen werden. Der herkömmliche Unterricht wird beschuldigt, dem Schüler hauptsächlich sein Nichtwissen vor Augen zu führen, wodurch eine defensive Haltung zum Lernen entstehe. CURRAN rekurriert dabei auf tiefverwurzelte Aversionen gegenüber aufoktroyierter Autorität und will die omnipotente Position des Lehrers demontieren (THOMAS 1987, 38). Der Lehrer gibt die Kontrolle über den Unterricht aus seiner Hand und übergibt die Initiative an die Lernenden. Im Idealfall schwebt CURRAN *consensual validation* oder *convalidation* vor, worunter er Verständnis, Wärme und gegenseitige Wertschätzung zwischen Lehrkraft und Schülerschaft versteht (RICHARDS/RODGERS 1986, 118). Die praktische Umsetzung dieses harmonischen Idealzustands hängt sicherlich von vielen Variablen ab.

Die Offenheit von *Community Language Learning* manifestiert sich nachdrücklich im Fehlen eines Lehrplans, der die zu lernenden sprachlichen Einheiten beschreiben, ordnen und sequenzieren würde. Es gibt keine vorgeplanten Stundenentwürfe. Die Unterrichtsinhalte basieren auf den Themen, die von den Lernenden in der jeweiligen Situation aufgeworfen werden. Der Vermittlung systematisch-progressionsorientierter Sprachkenntnisse wird hier kein großer Wert beigemessen.

Fehlen eines Lehrplans

Wenn es prinzipiell im Ermessen der Schülerinnen und Schüler liegt, was und wie gelernt wird, können *in praxi* natürlich Probleme auftreten. Einer unstrukturierten Lernsituation ausgesetzt zu sein, kann unergiebige Gespräche, längere Schweigephasen, Passivität und Leerlauf nach sich ziehen: "The class will degenerate into a picnic without learning a thing." (LAFORGE 1983, 52 f.) Ob die große Freiheit zu konstruktivem Lernen genutzt oder zu ineffektivem *time killing* missbraucht wird, entscheidet sich im Einzelfall.

Wenn es keinen Lehrplan gibt, bedarf es auch keines **Lehrbuchs**. Das Unterrichtsmaterial wird von den Lernenden selbst produziert in Form der transkribierten und zu analysierenden Gespräche. Die mediale Offenheit endet hier aber weitgehend. Außer Tafel und Overhead-Projektor für Übersetzungen und Zusammenfassungen sprachlicher Phänomene, Kassettenrekorder für Handouts mit den transkribierten Texten oder gelegentlich von Schülerinnen und Schülern erstellte Dialogskripte werden kaum Medien eingesetzt.

Auch die Aufgaben sind vom Umfang her begrenzt und vom Einsatz her weitgehend prädeterminiert. In den freieren Phasen können die Lernenden in verschiedenen Sozialformen Themen diskutieren, spätere Gespräche vorbereiten, Geschichten ersinnen, über ihre Lernerfahrungen berichten und ihre Probleme zur Sprache bringen. Neben Techniken und Formen wie

Aufgaben und Sozialformen

Gruppenarbeit, *free conversation* oder *reflection* werden relativ geschlossene Unterrichtsverfahren intensiv eingesetzt: Übersetzung einzelner Wörter/Sätze, Transkribierung der Schüleräußerungen, intensives Hören der aufgenommenen Mitteilungen und Analyse der Lernertexte. Bezüglich der Fertigkeiten werden insbesondere die mündliche Kommunikationsfähigkeit verbessert, die schriftlichen *skills* spielen hingegen eine eher untergeordnete Rolle.

Die Offenheit von *Community Language Learning* ist durch das unterrichtsorganisatorische Setting in Zweifel zu ziehen. Nachdem ursprünglich beim *Counseling Learning* jeder *client* einen eigenen *counselor* zur Verfügung hatte, betreute später eine Lehrkraft eine Gruppe von 5–6 Schülerinnen und Schülern. Auch heute funktioniert *Community Language Learning* mit Kleingruppen zwischen 6 und 12 Personen. Die Durchführung dieser Methode mit Klassenstärken von 25–30 Schülerinnen und Schülern, die sich in einem Kreis gegenüber sitzen, erscheint mehr als problematisch, wenn nur eine Lehrkraft zur Verfügung steht.

Kleingruppen

14 Lernen durch Lehren

*He
who teaches
learns twice.*

ANONYMOUS

Hintergrund

Die Methode Lernen durch Lehren (LdL) ist untrennbar mit dem Namen JEAN POL MARTIN verbunden. Der Didaktiker an der Universität Eichstätt entwickelte in den 80er Jahren ein Konzept, wonach im Fremdsprachenunterricht Schüler in die Rolle von Lehrern schlüpfen.

Wesentliche Bausteine dieses Ansatzes haben allerdings eine lange Tradition (MARTIN 1994b). Die Grundsätze der Lernerautonomie und Schüleraktivierung wurzeln in der Reformpädagogik (GAUDIG, PETERSEN, KERSCHENSTEINER).

Auf diesen Traditionen aufbauend, den kommunikativen Ansatz von Piepho reflektierend, Impulse von Schiffler übernehmend, beschäftigte sich MARTIN seit 1982 kontinuierlich mit LdL. Als er eine Französisch-Klasse am örtlichen Willibald-Gymnasium führte, erkannte er, dass der Französischunterricht zu stark von behavioristischen Verfahren dominiert wurde. Den existierenden Alternativen (z. B. *Humanistic Approach, Community Language Learning, Total Physical Response*) warf er Einseitigkeit vor, da sie entweder die emotionale und kommunikative Komponente auf Kosten der kognitiv-systemlinguistischen überbetonten oder zu einer starken Fremdbestimmung auf Kosten von Mündigkeit führten (MARTIN 1985a, Teil II).

Vor diesem Hintergrund konzipierte MARTIN seinen neuen Ansatz und versuchte, dessen optimierenden Charakter wissenschaftlich nachzuweisen und spracherwerbstheoretisch zu fundieren (MARTIN 1985a, Teil II). In einer Langzeitstudie unterrichtete er seine Französisch-Klasse sieben Jahre lang und ließ den Fortschritt jährlich mithilfe des FWU filmisch dokumentieren (MARTIN 1983; 1984; 1987a; 1987b; 1987c). Auch wollte er nachweisen, dass LdL nicht nur von ihm im gymnasialen Französischunterricht, sondern genauso von anderen Lehrkräften in anderen Fächern und anderen Schultypen erfolgreich praktiziert werden kann.

Langzeitstudie

Deshalb gründete er 1987 das sogenannte Kontaktnetz, dem sich inzwischen eine beträchtliche Anzahl von Lehrerinnen und Lehrern angeschlossen hat. Zu den Elementen dieses Netzes zählen regelmäßige E-Mails aus Eichstätt mit angehängten Erfahrungsberichten, Unterrichtsmaterialien und -entwürfen, der Erfahrungsaustausch über LdL und andere offene Unterrichtsformen bei häufigen Treffen, der Verleih von Videofilmen und die Entsendung von Fortbildungs-Referenten.

Begriff

Bei Lernen durch Lehren (LdL) werden Funktionen der Lehrkraft schrittweise auf die Schülerinnen und Schüler übertragen.

Ziele

MARTIN sieht zwei lerntheoretische Zielkonflikte. Zum einen bestehe ein sprachdidaktischer Zielkonflikt zwischen Sprachkorrektheit und Sprechen. Unterrichte man viel Grammatik und Übersetzung, werde wenig authentisch gesprochen. Spreche man viel, gerate die Sprache als korrekt zu erlernendes System aus dem Blick. Die Lösung des Dilemmas heißt LdL: Wenn die Schülerinnen und Schüler Wortschatz und Grammatik präsentierten, konzentriere sich ihre Aufmerksamkeit auf die Sprachkorrektheit, und *lerntheoretische* gleichzeitig erhöhe sich ihr authentischer Sprechanteil.

Zielkonflikte Zum anderen gebe es einen lerntheoretischen Zielkonflikt zwischen kognitivierenden Verfahren und behavioristischen Verfahren. Werde viel kognitiv gearbeitet, bleibe wenig Zeit zur Automatisierung. Werde viel habitualisiert, leide die kognitive Durchdringung des Stoffes. Wieder biete LdL die Lösung des Dilemmas: Wenn die Schülerinnen und Schüler den Stoff präsentierten, werde kognitiv herangegangen, aber gleichzeitig durch den ständigen Klassenraumdiskurs habitualisiert.

MARTIN versucht, vier Lerntheorien zu integrieren (MARTIN 1986). Erstens verweist er auf die **strukturalistisch-behavioristische Theorie** (Reflexbildung, Reiz-Reaktions-Schema). Durch die Habitualisierung von Redeketten erhofft er sich, den Sprechanteil der Lernenden auf 75 % (im Vergleich *vier Lerntheorien* zu 25 % beim lehrerzentrierten Unterricht) zu erhöhen und vom simplen *pattern drill* zu einer stärkeren Ausdifferenzierung der Schüleräußerungen zu gelangen.

Zweitens ist MARTIN von der **kognitionspsychologischen Theorie** beeinflusst. Sein Ziel ist der Aufbau einer epistemischen Kompetenz, z. B. der Fähigkeit, vorhandenes Wissen zum Problemlösen einzusetzen, wozu systematische Grammatikarbeit vonnöten ist.

Eine dritte Quelle stellt die **handlungstheoretisch-kommunikative Theorie** dar. Um kommunikative Kompetenz aufzubauen, müssen echte Mitteilungsbedürfnisse der Schülerinnen und Schüler berücksichtigt werden. Wenn Lernende als Lehrende fungieren, durchlaufen sie alle Stufen der Informationsverarbeitung, was einem hohen Grad an Handlungs-Komplexität entspricht.

Viertens greift MARTIN auf KRASHENS **Zweitsprachenerwerbsforschung** zurück. Wenn auch unbekanntes Sprachmaterial präsentiert wird, kann heuristische Kompetenz gefördert werden, z. B. das Vermögen, neues Wissen zu schaffen.

Diese vier Theorieschübe integriert MARTIN in einen Informationsverarbeitungsansatz, der seinerseits aus sechs Stufen besteht:

(1) Informationsinteresse
(2) Informationsaufnahme
(3) Informationsverarbeitung
(4) Informationsspeicherung
(5) Reaktivierung der gespeicherten Information
(6) Informationsanwendung

Informations-
verarbeitungsansatz

Die entscheidende Aufgabe ist es nun, diese sechsstufige Reaktionskette bei den Lernenden zu starten und aufrechtzuerhalten. Als geeignete Methode erscheint dabei MARTIN LdL. Dabei versucht diese Methode, mehrere Ziele zu erreichen:

(1) **Linguistische Kompetenz** (Klassenzimmerdiskurs in Zielsprache → Anstieg authentischer Redewechsel → Herausbildung mündlicher/ schriftlicher fremdsprachlicher Fertigkeiten)
(2) **Didaktische Kompetenz** (Übernahme von Lehrer-Aufgaben durch Schüler)
(3) **Metasprachliche Kompetenz** (durch intensiven Diskurs über das Sprachsystem)
(4) **Sozialkompetenz** (durch intensivierte gruppendynamische Prozesse)

Neben diesen vier Kompetenzen postuliert MARTIN in einer Erweiterung des 1986er Modells (MARTIN 1988, 295 ff.) den erfolgreichen Problemlöser. Da der Mensch – und damit auch der Schüler – in einem Spannungsfeld zwischen Klarheit und Unbestimmtheit stünde, strebe er nach einer Reduktion der Unbestimmtheit. Angestrebt wird ein „stabiles Selbst, das allmählich exploratives Verhalten als dauerhafte Persönlichkeitskomponente aufweist." (MARTIN 1988, 297)

Problemlöser

Zentrale Intention von LdL ist somit die Veränderung der Lernerrolle. Indem die Schülerinnen und Schüler den Stoff selbst vorbereiten und vorstellen, erhöht sich ihr Sprechanteil auf 75 % und mehr. Ein solch schülerzentrierter Unterricht soll einen selbsttätigen, selbstbewussten und mündigen Bürger hervorbringen, wie es einem fortgeschrittenen Demokratieverständnis entspräche.

Lehrerrolle Die veränderte Rolle des Lernenden bedingt zwangsläufig eine neue Lehrerrolle. Die zunehmende Schüleraktivierung korrespondiert mit einer gewissen De-Aktivierung des Lehrers. Im Unterricht wird er in den Hintergrund gedrängt, sein Redeanteil vermindert sich auf 25 % und weniger. Martin (1986, 399) sieht die entscheidende Aufgabe der Lehrkraft in der **Sicherung des Informationsinteresses** im Rahmen des Informationsverarbeitungsansatzes. Fischer/Graef (1994, 7 f.) weisen dem Lehrer fünf Rollen zu:

(1) Letzte Instanz, aber nicht mehr alleiniger Wissensvermittler.

(2) Lenker, der die Arbeitsaufträge mit guter zeitlicher Vorgabe verteilt.

(3) Berater, der die Schülerinnen und Schüler bei ihrer Vorbereitung unterstützt.

(4) Helfer, der die schriftlichen Vorlagen der Lernenden korrigiert und bei Problemen im Unterricht klärend interveniert.

(5) Lerner, der von den Schülerinnen und Schülern die verschiedensten Formen von *feedback* erhält.

Die Autoren verschweigen nicht, dass dieser Rollenwandel große Umstellungsschwierigkeiten für Lehrerinnen und Lehrer birgt, denen es schwerfällt, sich zurückzunehmen und möglichst wenig einzugreifen. Gleichwohl wird die Chance gesehen, „den Lehrer vor der von vielen so gefürchteten Monotonie des Arbeitsalltags und einigem damit verbundenen ‚Frust‘ zu bewahren." (Fischer/Graef 1994, 8)

Unterrichtsgestaltung

Lehrplan Um die intendierten Kompetenzen aufzubauen, muss nach Martin ein entsprechender Lehrplan geschaffen werden. Deshalb konstruierte er ein Curriculum für alle Stufen des Lernprozesses vom Anfangsunterricht (7. Klasse) Französisch über die Mittelstufe bis hin zum Abitur (Martin 1994a). In der Unterstufe legt Martin dabei den Schwerpunkt auf Spracharbeit. In der Mittelstufe tritt Landeskunde in den Vordergrund, insbesondere die Vorbereitung, Durchführung und Auswertung eines Auslandsaufenthaltes. Geistesgeschichte und Literatur sind schließlich die bestimmenden Lerninhalte der Oberstufe. Projektunterricht ist für ihn die beste Methode, all diese Lernziele zu erreichen. Martin stellt hier allerdings kein komplettes, detailliertes Curriculum vor, sondern beschreibt nur innovative Stellen; andere, traditionelle Lerninhalte akzeptiert er ebenfalls, ohne auf sie näher einzugehen.

Der konkrete **Ablauf einer Unterrichtsstunde** hängt von der Jahrgangsstufe und dem Inhalt ab. Im Anfangsunterricht müssen die Schülerinnen und Schüler allmählich an die neue Methode herangeführt werden (vgl. auch das Stufenmodell in MARTIN/KELCHNER 1998, 214). Erste Unterrichtsphasen, die von den Lernenden übernommen werden, sind etwa die Wiederholung des Vokabulars durch gegenseitiges Abfragen oder des Lektionstextes anhand eines foliengestützten Gesprächs. Die für den Diskurs notwendigen Redewendungen werden den Lernenden auf einem Arbeitsblatt zur Verfügung gestellt. Wenn nach ungefähr einem halben Jahr diese vorbereitenden Schritte automatisiert sind, kann fast der gesamte Unterricht an die Schülerinnen und Schüler delegiert werden.

Die **Stundenleitung** übernimmt ein Schüler, der dafür vom Lehrer ein Kärtchen erhält, auf dem die einzelnen Unterrichtsphasen und Handlungsanweisungen aufgelistet sind. Dieser Schüler leitet nun die Hausaufgabenbesprechung, ruft die einzelnen Gruppen auf, fordert zur Fehlerverbesserung auf und stellt am Ende die vom Lehrer vermerkte Hausaufgabe.

Eine der am häufigsten praktizierten Stundentypen, die Einführung eines neuen Textes, läuft normalerweise in folgender Weise (ohne Wiederholungsphase und Hausaufgabenbesprechung) ab (MARTIN 1985b–1989, Brief II, 1987): *Beispiel Texteinführung*
- Bildung der Arbeitsgruppen:
  Da bei der Textpräsentation drei Aufgabentypen (Wortschatzeinführung, Lesen, Kontrollfragen) anfallen, werden Dreiergruppen gebildet.
- Verteilung des Stoffes:
  Jede Arbeitsgruppe bekommt einen vom Umfang her beschränkten Abschnitt des Textes zur Vorbereitung zugewiesen.
- Vorbereitung der Präsentationen:
  Die Vorbereitung findet im Unterricht statt und dauert etwa 20 Minuten. Der für den Wortschatz zuständige Schüler sucht die unbekannten Wörter heraus, erarbeitet mithilfe eines Vokabelbüchleins, einer Folie und Stiften Erklärungen (eigenständige Erklärungen sind erwünscht) und bittet vor Abschluss den Lehrer, die neuen Wörter vorzulesen, damit er sich die Aussprache einprägen kann. Der zweite Schüler bittet den

Lehrer, den Text einmal vorzulesen; danach liest er ihn selbst mehrmals nach. Der dritte Schüler bereitet Fragen vor, mit denen das Textverständnis überprüft werden kann.

- Präsentation im Plenum:
  Am Ende der 20-minütigen Vorbereitungszeit stellt die erste Gruppe ihren Textabschnitt vor. Der erste Schüler versucht, die Vokabeln so frei wie möglich vorzutragen und versichert sich nach jeder Erklärung durch eine Kontrollfrage, ob diese auch wirklich verstanden wurde; die vorbereitete Folie und eventuell Wandtafeln oder Verlags-Folien werden dabei verwendet. Der zweite Schüler bittet die Mitlernenden, die Bücher zu schließen und trägt den Text vor. Der dritte Schüler stellt schließlich die Verständnisfragen. Je nach Zeit kommt eine weitere Arbeitsgruppe an die Reihe. Die Aufgabe der Lehrkraft bei der Präsentationsphase ist, präzisierend, strukturierend und zusammenfassend einzugreifen, falls dies erforderlich ist.

Weitere konkrete Stundenabläufe für die Einführung eines neuen Grammatikkapitels oder die Durchführung von Referats-Stunden beschreibt Martin ebenfalls in diesem Didaktischen Brief II.

konventionelle Lehr- und Lerntechniken
Dass er bei den Lehr- und Lerntechniken auf konventionelle Formen zurückgreift, ist diesen Stundenabläufen und seinen vier Didaktischen Briefen (Martin 1985b–1989) zu entnehmen. Dazu gehören Lesen von Texten mit verteilten Rollen, Lesen in Partnerarbeit, gegenseitige Wortschatzabfrage, verschiedenste Grammatikübungen, Auswendiglernen grammatikalischer Paradigmen, Diktate (durch Schülerinnen und Schüler), Abfragen (durch Mitlernende, zur Wissenskontrolle, nicht zur Benotung), Präsentation eines neuen Textes, Einführung eines neuen Grammatikkapitels, landeskundliche Referate, Diskussionen und die Behandlung von Gedichten. Darüber hinaus sieht er in der Mittelstufe eine Reise ins Zielland vor.

Leitmedium ist und bleibt für Martin das Lehrbuch.

> „Das Lehrwerk stellt das Rückgrat des Unterrichts dar und vermittelt den Schülern Sicherheit. Nur wenn das Buch systematisch durchgenommen wird, haben Schüler und Eltern das Gefühl, dass ‚gelernt‘ wird." (Martin 1988b, 2)

Deshalb darf der Einsatz lehrwerkunabhängiger Materialien nicht zu einer Vernachlässigung des Lehrwerkstoffes führen. Um dem Motivationseinbruch vor allem in den Klassen 9/10 entgegenzuwirken, schlägt MARTIN aber drei **lehrwerkergänzende Aktivitäten** vor: Diskussionen (mit Thesen-Folie), Behandlung von Gedichten (anhand von Anthologien) und eine Reise ins Zielland (mit Erkundungsaufträgen, Ergebnispräsentation mit Skizzen, Tonbandaufnahmen und Dias).

Ergebnisse

MARTIN und seine Gefolgsleute haben den Ansatz in verschiedenen Klassenstufen vor allem im Französischunterricht erprobt und sind überzeugt, dass sie Defizite des herkömmlichen Fremdsprachenunterrichts bezüglich Motivation, Sprachfähigkeit und Stoffaneignung beheben können. Dokumentationen von Unterrichtsstunden, Materialien und Erfahrungsberichte sind über seine Website und das Kontaktnetz zu bekommen (http://www.ku-eichstaett.de/Fakultaeten/SLF, dort unter → Romanistik → Didaktik → Forschung → Ldl). Für sein Habilitationsprojekt stellte er ein Curriculum von der Unterstufe bis zum Leistungskurs zusammen, testete es selbst und zusammen mit einer größeren Zahl von Kollegen, die es weitgehend positiv beurteilten.

Die optimierende Wirkung betrifft in der Reihenfolge der Nennungen die Aktivierung der Schüler, ihre Sprechfertigkeit, ihre Motivation, ihre Selbständigkeit und ihr Verantwortungsgefühl sowie die Intensität ihrer Auseinandersetzung mit dem Stoff. (MARTIN 1994a, 234)

In der Unterstufe bezieht sich die positive Bewertung vor allem auf Sprachfähigkeit, Motivierung und Schlüsselqualifikationen, in der Mittelstufe auf *Vor- und Nachteile* exploratives Verhalten und transnationale Empathie, in der Oberstufe allgemein auf die Nützlichkeit des Konzepts.

Die festgestellten Nachteile sollen aber nicht verschwiegen werden. Sieht man sich seine Tabelle 14 (1994a, 352 ff.) an, so traten besonders **sechs Probleme** auf:

- Zeit-/Vorbereitungsaufwand
- Probleme bei Schülerinnen und Schülern
- Zeitverlust
- Probleme in großen Gruppen
- Fehleranfälligkeit
- Organisatorischer Aufwand

Vor allem zu Beginn seiner Forschungstätigkeit konnte MARTIN unter optimalen Bedingungen arbeiten: nur eine zu unterrichtende Klasse; kleine

Gruppe (15 Schülerinnen und Schüler); besonderes Engagement vor dem Hintergrund einer systematischen Verwertung der Unterrichtspraxis in mehreren wissenschaftlichen Publikationen; Lernende mit dem Bewusstsein, dem Fortschritt der Wissenschaft zu dienen und dabei einmal pro Jahr, wenn die Aufnahmeteams der FWU den Lernzuwachs dokumentieren, in die Rollen von Filmstars zu schlüpfen.

Beurteilung

> Das hervorstechende Indiz einer Öffnung des Unterrichts liegt in dem für LdL konstitutiven **Rollentausch**.

Die Schülerinnen und Schüler übernehmen die Rolle der Lehrkraft, die sich ihrerseits während der Durchführung der Unterrichtsstunde weitgehend zurücknimmt. Dieser Rollenwechsel sorgt zunächst für Abwechslung und Aufmerksamkeit.

Der Rollentausch kann auch zu einer verbesserten fachlichen Kompetenz der Lernenden beitragen. *Learning by doing* und *learning by teaching* können effektive Wege sein, etwas besser zu verstehen und länger zu behalten.

Die Lehrtätigkeit der Schülerinnen und Schüler bedeutet auch eine größere Aktivität. Tatsächlich erhöht sich ihr Redeanteil zuungunsten der des Lehrers. Allerdings muss hier eingeschränkt werden, dass dieser Zuwachs weitgehend auf die präsentierende Gruppe beschränkt bleibt; eine gesteigerte Mitarbeit der anderen Lernenden wird durch LdL nicht *per se* induziert.

Ob LdL die hehren Ziele von Selbstbewusstsein, Selbsttätigkeit, Kreativität, Dialogfähigkeit, Verantwortung und Identifikation mit der Arbeit besser als andere Methoden erreichen hilft, ist allerdings zweifelhaft. Anzeichen eines geschlossenen Unterrichts sind evident. Wenn die vortragenden Schülerinnen und Schüler von der Lehrkraft vorher ganz konkrete Handlungsanweisungen bekommen, die sie umzusetzen haben, wird ihnen lediglich eine Pseudo-Freiheit zugebilligt.

Anzeichen eines geschlossenen Unterrichts

> Es findet ein Frontalunterricht mit umgekehrtem Vorzeichen statt: An der Stelle des Lehrers stehen Schülerinnen und Schüler vor der Tafel und erläutern den anderen die Lerninhalte, die der Lehrer ausgewählt hat – in einer Weise, wie der Lehrer es ihnen aufgetragen hat.

Die Übertragung der Lehrerfunktionen an junge Lernende birgt auch die Gefahr der Überforderung. Eigene Erfahrungen, Hospitationen in fremden Unterrichtsstunden und Beobachtungen der MARTINSCHEN Videoaufnahmen weisen darauf hin, dass sich der Unterrichtsablauf ziemlich schleppend, langatmig und trocken gestaltet. Den Schülerinnen und Schülern fällt es augenscheinlich schwer, Wichtiges von Unwichtigem zu unterscheiden; entscheidende Passagen werden zu oberflächlich abgehandelt; mangelnde Präzision ist festzustellen; die Fehlerquote steigt, wodurch mehr Falsches unbewusst internalisiert wird; Verständnisprobleme zeigen sich bei Vortragenden und Mitschülern.

Zu diesen grundsätzlichen Symptomen von Überforderung kommt hinzu, dass die Eignung der Methode auch vom Inhalt des Stoffes abhängt. Grammatik-Wiederholung, Einführung leichter Textteile oder auch Präsentationen von Videoclips sind offen für LdL; die Neudurchnahme schwierigerer Lerninhalte übersteigt jedoch häufig die Fähigkeiten der Schülerinnen und Schüler.

Dieser tendenziellen Überforderung der Lernenden entspricht eine mangelnde Berücksichtigung der Kompetenzen der Lehrerinnen und Lehrer. Ihre linguistischen, didaktischen, methodischen und pädagogischen Fähigkeiten bleiben teilweise ungenutzt. Pointiert könnte man die Frage stellen, warum man denn jahrelang Lehrkräfte ausbilden soll, wenn die Schülerinnen und Schüler es doch besser machen.

Die weitgehende Passivierung der Lehrkraft während des Unterrichts korrespondiert allerdings mit einer verstärkten Aktivierung vor und nach dem Unterricht. Zeitliche und organisatorische Schwierigkeiten sind zu meistern, die Verteilung des Stoffes erfordert viel vorausschauende Planung.

Wenig Anzeichen einer Öffnung des Unterrichts sind schließlich im konkreten methodischen Design festzustellen. Zwischen dem kommunikativen Anspruch und der unterrichtspraktischen Realität klafft eine Kluft. Es wird viel über das Sprachsystem gesprochen, die authentischen Redeanlässe erschöpfen sich häufig in der Klärung grammatikalischer Probleme.

Die kontroverse Natur der Methode Lernen durch Lehren mag zur Herausbildung von fünf Positionen im Umgang mit LdL führen:

fünf mögliche Positionen

(1) Wer MARTIN **kategorisch ablehnt**, kann seine Skepsis mit den o. g. didaktischen, methodischen und pragmatischen Defiziten rationalisieren.

(2) Mehr als 500 überzeugte Anhänger des Kontaktnetzes verstehen sich dagegen als **konsequente Anwender** eines neuen Konzeptes. Sie können sich wie die restlichen drei Gruppen darauf stützen, dass LdL eine Methode darstellt, die innerhalb des bestehenden Schulsystems realisierbar ist.

(3) Unter den vorsichtigeren Adepten wird sich vielleicht ein **inhaltsorientiert-selektiver Anwender** herausschälen, der zwecks methodischer Variation bisweilen geeignete Lerninhalte wie eine Grammatikwiederholung oder die Einführung leichter Textpassagen von Schülerinnen und Schülern präsentieren lässt. Die von MARTIN postulierten längerfristigen Ziele von LdL können damit aber nur rudimentär erreicht werden, und zudem krankt der gelegentliche Einsatz an der mangelnden Vertrautheit der Lernenden mit der Methode.

Anwendertypen

(4) Der **verfahrensorientiert-punktuelle Anwender** pickt sich bestimmte LdL-Elemente von kurzer Dauer heraus – so können etwa beim Vokabelabfragen oder bei bestimmten Übungen Schülerinnen und Schüler kurzzeitig die Lehrerrolle übernehmen.

(5) Ein letzter – **pragmatischer** – **Anwendertyp** wird sich nach der Auseinandersetzung mit LdL vielleicht wieder darauf besinnen, dass er seinem eigenen Rededrang und missionarischem Sendungseifer Zügel anlegt, den Schüler ins Zentrum des Unterrichts stellt und dabei nicht vorurteilsbeladen dessen Fähigkeiten unterschätzt.

15 Frontaler Sitzkreis

Jedes Problem wird unlösbar,
wenn man es zu lange betrachtet.

ERWIN CHARGAFF

Hintergrund

Bislang wird Frontalunterricht, der ausschließlich als Gesprächsform im Kreis stattfindet, überwiegend an reformpädagogisch orientierten Schulen praktiziert. Beispielsweise sind die Tische und Stühle in allen Unterrichtsräumen der Jenaplan-Schule in Jena entsprechend angeordnet. Die besondere organisatorische Grundstruktur wird dabei als „Kulturtechnik des Unterrichts" begriffen, denn sie greift erheblich in die Lehrerautonomie der Unterrichtsgestaltung ein (FAUSER/PRENZEL/SCHRATZ 2007).

CARMEN MENDEZ (2010) ist allerdings überzeugt, dass diese Organisations- und Kulturtechnik unter bestimmten Bedingungen an allen Schulen und besonders gut im Fremdsprachenunterricht etabliert werden kann. Sie geht vom Frontalunterricht als prototypisch geschlossenem Unterrichtsverfahren aus, wobei sie die traditionell in Bankreihen strukturierte Lernumgebung im Auge hat. Danach stellt sie sich die Konsequenzen vor, wenn Schulen eine solche äußere Ordnung bewusst aufheben, um die damit verbundenen Nachteile des Frontalunterrichts zu beseitigen. Sie stellt sich die paradox wirkende Frage: Gibt es als Bestandteil von Unterricht zwischen Offenheit und Geschlossenheit auch einen Frontalunterricht zwischen diesen beiden Polen?

Unterricht zwischen Offenheit und Geschlossenheit

Begriff

> Beim frontalen Sitzkreis stehen die Bänke nicht frontal zur Tafel, sondern in Tischgruppen angeordnet an den Wänden, sodass die Raummitte komplett frei bleibt.

Dieses Arrangement ermöglicht den Wechsel zwischen Kreisgespräch, für das ein Stuhlkreis um die Raummitte gestellt wird, und einem Lernen an Gruppentischen. Alle Handlungs- und Sozialformen des Unterrichts sind auf diese Grundstruktur ausgerichtet. Zwei simple Regeln gelten dabei als Richtschnur für den Unterricht:

1. Frontal – nur im Kreis!
2. Der Unterricht beginnt im Kreis!

Dies bedeutet, dass Lehrende niemals vor an Gruppentischen sitzenden Schülern frontal unterrichten sollen und jede Unterrichtsstunde als gemeinsames Gespräch beginnt, aus dem heraus sich die weiteren Lernphasen entwickeln.

Ziele

Will man den frontalen Sitzkreis an einer Schule (probeweise) einführen, stellt sich die Frage nach der Legitimation. MENDEZ (2010) führt vier Argumentationslinien an:

(1) Methodisch-fachlicher Aspekt

integrierter Frontalunterricht

- Der frontale Sitzkreis versteht sich als *integrierter Frontalunterricht*, der in Unterrichtsformen eingebunden ist, die Selbststeuerung und Kooperation der Schülerinnen und Schüler fördern.
- Mündliche und schriftliche Arbeitsphasen werden klar voneinander getrennt, sodass ein überforderndes *Multitasking* von gleichzeitig ablaufendem Unterrichtsgespräch, Tafelarbeit und Niederschrift nicht mehr stattfinden kann.
- Das Primat der Mündlichkeit vor der Schriftlichkeit wird notwendig. Der Sprechanteil der Lernenden wird deutlich erhöht – er soll bei mindestens zwei Dritteln liegen.
- Die eigenverantwortliche Schülertätigkeit gewinnt einen größeren Raum.
- Die Reduzierung des klassischen Frontalunterrichts führt nicht zu einer Verringerung des zu behandelnden Lernstoffes. Da der Unterricht in intensiverer Form stattfindet (hoher Anteil an Schülertätigkeiten, individuelle Begleitung der Lehrkraft), verkürzen sich Übungs- und Wiederholungsphasen.
- Lehrkräfte wenden sich eher schüleraktivierenden Methoden zu.
- Lehrer haben aufgrund längerer schriftlicher Phasen (Gruppentischen) mehr Gelegenheit, mit Schülern einzeln mündlich zu üben (z. B. Ausspracheschulung).
- Binnendifferenzierendes Lernen mit mehreren Aufgaben wird eher möglich, da die kurzschrittigen Phasen reduziert werden.
- Die Leistungen der Schüler werden eher befördert (individuelle, schüleraktivierende Unterrichtsgestaltung, klare Trennung von Lern- und Prüfungsphasen).

(2) Pädagogischer Aspekt

- Der höhere Anteil an Schülerselbsttätigkeit und Kooperation unterstützt die Individualisierung sowie den Paradigmenwechsel vom Lehren zum Lernen.
- Es findet ein professionellerer Umgang mit heterogenen Lerngruppen statt (individuelle Betreuung der Lernenden).
- Die von leistungsschwächeren Schülerinnen und Schülern aus Schamgefühl abgelehnte individuelle Hilfestellung oder binnendifferenzierende Aufgabenstellung wird eher akzeptiert (Lehrende nehmen sich Zeit für jeden Schüler; setzen sich an die Gruppentische, um Ergebnisse durchzusehen und in Einzelgesprächen zu beraten; verwenden mehr Formen von *self* und *peer assessment*; geben regelmäßig obligatorische und fakultative schriftliche Aufgaben).

self und peer assessment

- Um Lern- und Prüfungsphasen zu trennen, werden die Gruppentische bei umfangreicheren Testformen zu parallelen Bankreihen umgestellt. Dieser logistische Aufwand führt verstärkt zum Einsatz angekündigter Leistungsnachweise (mehr Transparenz, weniger Prüfungsangst).
- Das Umstellen der Stühle gibt Gelegenheit zur Bewegung auch innerhalb des Unterrichts (Vorteil für ADHS-Schüler).
- Das gemeinsame Sitzen und Arbeiten im Kreis ermöglicht schon im wörtlichen Sinne ein Gespräch auf Augenhöhe und kann Schule etwas demokratisieren.
- Der Kreis als Form symbolisiert Geborgenheit, gibt Nähe, drängt Außenseiter nicht in die Einzelbank.

(3) Disziplinarischer Aspekt

- Die Raumkonstellation erzieht zu Ordnung beim Abstellen der Taschen, Unsauberkeit auf dem Boden fällt eher auf.
- Die Schüler können sich im Kreis nicht „verstecken", mit Gegenständen spielen oder sich Zettel schreiben. Die direkte Beobachtung des Lehrers ermuntert sie zu stärkerer Mitarbeit.
- Bei der Arbeit mit einem Buch halten Schüler dieses in der Regel mit den Händen auf dem Schoß fest, was Ruhe und Konzentration fördert.
- Störende Schüler können im Kreis allein durch Umsetzen schnell diszipliniert werden.
- Lernen am Tisch ist verbunden mit der Aufforderung zu Ruhe.

(4) **Aspekt der Lehrergesundheit**
- Die Stimme wird geschont, da sich die Phasen, in denen die Lehrkraft laut sprechen muss, deutlich reduzieren.
- Die Aufteilung in Tischgruppen fördert die Bewegung.
- Schüler, die daran gewöhnt werden, längere Phasen selbstständig zu arbeiten, sind weniger anstrengend.

Unterrichtsgestaltung

Die Grundstruktur besteht aus zwei Pfeilern:
(1) Mündliche Phasen im Stuhlkreis
(2) Schriftliche Arbeit an den Gruppentischen

Vor dem Beginn des Kreisgespräches bzw. dem Stellen der Stühle weist die Lehrkraft darauf hin, welche Arbeitsmittel im Kreis benötigt werden. Bei Nichtgebrauch werden diese hinter den Schülern auf den Tischen oder unter den Stühlen abgelegt.

An Arbeitsformen für den Stuhlkreis bieten sich folgende an (MENDEZ 2010, 11):

- Zielorientierung/Themeneinführung
- Unterrichtsgespräch
- Präsentation
- Diskussion
- Selbstständiges leises/lautes Lesen
- Verstehendes Hören und Mitlesen
- Verstehendes globales Hören
- Verstehendes Hören und Sehen
- Tafelarbeit
- Selbstständige Einzelarbeit (z. B. Einprägen von Vokabeln)
- Mündliche Partnerarbeit
- Mündliche Gruppenarbeit
- Lernen durch Lehren (LdL)

Die schreibfreie Phase im Stuhlkreis (20–45 Minuten) erfordert eine methodisch abwechslungsreiche Planung. Dazu gehört auch Flexibilität, z. B. wenn Notizen gemacht werden sollen (*guided listening*). Die Aufgabe kann dabei zunächst an den Tischen sitzend bearbeitet und anschließend im Kreis verglichen werden. Bei mündlicher Partner-/Gruppenarbeit (z. B.

Einüben von Dialogen) können die Kleingruppen im Raum verteilt werden oder diesen verlassen. Für den Wiederbeginn im Kreis sollten Zeitvorgabe und Handzeichen vereinbart werden.

Auch für die Korrektur schriftlicher Hausaufgaben ohne feste Schreibunterlage im Stuhlkreis bieten sich Möglichkeiten an:

Korrektur schriftlicher Hausaufgaben

- Die Hausaufgaben werden von jedem Schüler am Gruppentisch still mit einem Lösungsblatt (oder Lösung an der Tafel) verglichen und anschließend im Kreis (oder am Gruppentisch) nachbesprochen.
- Die Hausaufgaben werden eingesammelt, korrigiert zurückgegeben und schwerpunktmäßig im Kreis nachbesprochen.
- Die Hausaufgaben werden von der Lehrkraft während einer schriftlichen Arbeitsphase an den Gruppentischen durchgesehen (zeitsparendste Variante).

Die Kreis-Arbeit endet normalerweise mit einer Aufgabenstellung für die selbstständige Arbeit an den Gruppentischen. Während dieser Phase unterstützt die Lehrkraft die Schülerinnen und Schüler individuell. An den Gruppentischen können folgende Arbeitsformen stattfinden (MENDEZ 2010, 11):

- Abschreiben von Tafelbildern
- Erledigung von Übungen
- Diktat und Laufdiktat
- Leises Lesen und Textarbeit
- Arbeit an der Vokabelkartei
- Verstehendes Hören/Sehen
- Selbstständiger Vergleich der Hausaufgaben
- Selbstständige Vorbereitung von Präsentationen
- Schriftliche Partnerarbeit
- Gruppenarbeit
- Wochenplan
- Stationsarbeit
- Differenzierende Stillarbeit
- Selbststudium

Stille Arbeitsphasen an den Tischen geben der Lehrkraft die Möglichkeit, parallel dazu mündliche **Leistungsüberprüfungen** in zeitsparender Form durchzuführen. Schließlich gibt es ja Lernzielkontrollen, die nicht unbedingt der ganzen Klasse als Publikum bedürfen, beispielsweise lautes Lesen, monologisches Sprechen.

Ergebnisse

Der frontale Sitzkreis wird an der Jenaplan-Schule in Jena über einen Zeitraum von inzwischen 18 Jahren konsequent umgesetzt. Die Entscheidung zum Ersatz des klassischen Frontalunterrichts durch eine alternative Unterrichtsstruktur, die von allen Lehrkräften eingefordert wird, war sicher auch durch die einmalige Situation bedingt (Neubeginn durch Gründung, radikale Schulreform, Schulprofil: Stammgruppenstruktur, Betonung von Projektarbeit, Montagmorgenkreis etc.). An dieser staatlichen Regelschule in Jena, die sich im Jahre 2006 als Preisträger beim Deutschen Schulpreis auszeichnete, wird die Organisationsstruktur mit gutem Erfolg eingesetzt.

Den frontalen Sitzkreis führte MENDEZ (2010) allerdings auch an zwei „normalen" Schulen ein: der Max-Rill-Schule in Reichersbeuern und dem kleinen privaten Lehrinstitut Derksen in München (zwei oberbayerische Gymnasien). In beiden Versuchen wurde der Frontalunterricht jeweils über zwei Jahre in einer 6., dann 7. Klasse, und über ein halbes Jahr in einer 5. Klasse im Kreis gehalten und im Wechsel mit Tischgruppenarbeit erprobt.

Die Schülerinnen und Schüler der 5. Klasse fanden sich schnell in die neue Unterrichtsstruktur ein – schließlich waren ihnen offene Lernformen noch aus der Grundschule bekannt. Sie empfanden es als positiv, dass

- man im Kreis sitzt und alles gemeinsam bespricht,
- viel mündlich und in Partner- und Gruppenarbeit gelernt wird,

Lob und Kritik
- man in einer Gruppe an den Tischen arbeitet.

Sie kritisierten, dass

- nicht alle Lehrer im Kreis unterrichten,
- einige Lehrer kaum an die Gruppentische kommen, um zu helfen,
- man gleichzeitig zuhören, zur Tafel schauen und abschreiben muss,
- man sich beim Abschreiben umdrehen muss,
- manche Kinder am Gruppentisch stören.

Die 6. Klasse fand die neue Raumordnung auch positiv, benötigte aber fast ein halbes Jahr, bis sie ihr Arbeitsverhalten angepasst hatte. Hier zeigte sich eine klassisch-frontale Vorprägung, fehlende Praxis an Schülerselbsttätigkeit sowie eine Geringschätzung mündlicher Arbeit. Die Einführung des frontalen Sitzkreises kann nach mehr als einem Jahr frontal geprägten Unterrichts anscheinend nur mit großen Mühen gelingen.

Unterstützung
der Eltern
Die Eltern standen an beiden Schulen voll hinter der neuen Unterrichtsorganisation. Insbesondere nach zwei Jahren in der 6./7. Klasse, in denen ein deutlicher Leistungszuwachs erzielt wurde, waren sie verblüfft, wie kompetent sich ihre Kinder im Ausland in der Zielsprache verständigen

konnten – eine Erfahrung, welche sie in dem Alter in ihrer Schulzeit nicht gemacht hatten.

Unter den Lehrerinnen und Lehrern ließ sich eine Minderheit auf die ungewohnte Raumstruktur ein. Sie erkannten positive Auswirkungen und waren besonders erstaunt, dass im Vergleich zum konventionellen Unterricht keine Zeit „verloren" ging. Viele andere Lehrkräfte hielten sich hingegen aus mehreren Gründen zurück:

- Fehlende Professionalisierung: Binnendifferenzierung und Individualisierung werden zwar seit langem diskutiert, konkrete Formen der Umsetzung sind aber kaum bekannt.
- Festhalten an Gewohntem: Man fühlt sich im traditionell geführten Frontalunterricht sicherer.
- Mangelnde Vorstellungskraft: Ein Lehrer bemängelte, er müsse immer zum Rücken einiger Kinder sprechen. Ihm war entfallen, dass er frontal nur im Kreis unterrichten sollte.
- Stoff- und Lehrplanorientierung: „Man schafft den Stoff nicht, wenn man immer erst einen Kreis stellen soll."
- Scheu vor Nähe: Lehrer warten lieber am eigenen Pult, bis Kinder mit den Aufgaben fertig sind, als zu ihnen zu gehen.
- Arbeitsbelastung: Unterrichtet ein Lehrer in Parallelklassen, muss der Unterrichtsablauf doppelt geplant werden.
- Bequemlichkeit: Die seit Jahren bewährten Unterrichtsvorbereitungen werden nicht überarbeitet.
- Erfahrungsmangel: Alternative Formen von Schul- und Unterrichtspraxis sind vielen fremd.

Beurteilung

Der frontale Sitzkreis verbindet Aspekte von Geschlossenheit und Öffnung. Er kann die Nachteile traditionellen Frontalunterrichts vermeiden und die Probleme offenen Unterrichts mindern.

Angesichts einer Minderheit von Kollegen, die die Praxis des Kreisgespräches in den beiden Versuchsklassen mittrugen, war das Modell erstaunlich erfolgreich. Wer auf die neue „Kulturtechnik" umsteigen will, sollte folgende Übergangs-Ratschläge befolgen (MENDEZ 2010, 14):

Ratschläge für den Übergang

- Erprobung in einer 5. Klasse
- Einsatz von Lehrkräften, die den Versuch konsequent mittragen
- Versuchsdauer: ein Jahr, besser zwei
- Fachkundige Begleitung der in der Versuchsklasse unterrichtenden Lehrkräfte

- Hospitationen von Kollegen nach einer Phase der Routine
- Evaluation der Unterschiede zu einer klassisch unterrichteten Vergleichsklasse
- Diskussion der Ergebnisse im Kollegium
- Systematische Ausweitung des Konzeptes auf nachfolgende Klassen
- Volle Unterstützung durch Schulleitung

Literatur

Akinro, Bettina. 1997. „Bilder und freies Schreiben: Wie ‚der Niesen' von Paul Klee Schüler und Schülerinnen der Sekundarstufe I zum Geschichtenschreiben anregt." In: Kupetz, Rita (Hg.). Vom gelenkten zum freien Schreiben im Fremdsprachenunterricht: Freiräume sprachlichen Handelns. Frankfurt am Main: Lang, 85–98.

Allport, Gordon. 1954. The nature of prejudice. Cambridge, MA: Addison-Wesley.

Altvater, Jürgen. 2000. „Schüler- und handlungsorientierte Auswahl und Erarbeitung von Lektüren im Englischunterricht der Sekundarstufe I." Praxis 2, 125–135.

Applebee, Arthur; Judith Langer. 1983.„Instructional scaffolding: reading and writing as natural language activities." Language Arts 60, 168–175.

Arendt, Manfred. 1993. „Kreatives Schreiben. Realschüler verfassen Gedichte." Der Fremdsprachliche Unterricht Englisch 10, 41–43.

Assbeck, Johann. 1996. „Schaut euch dann bis zur nächsten Stunde die Wörter an." Der Fremdsprachliche Unterricht Englisch 22, 25–30.

Baier, Jochen. 2001. „Textbilder als Einstieg in eine landeskundliche Englischstunde." Der Fremdsprachliche Unterricht Englisch 52, 30–34.

Baloche, Lynda. 1998. The cooperative classroom: empowering learning. Upper Saddle River: Prentice Hall.

Beile, Werner. 1996. „Kreatives Schreiben in der fremden Sprache." Der Fremdsprachliche Unterricht Englisch 23, 4–11.

Bereiter, Carl; Marlene Scardamalia. 1987. The psychology of written composition. Hillsdale: Lawrence Erlbaum.

Beyer-Kessling, Viola. 1996. „The pen is mightier … Impulse für Kreatives Schreiben." Der Fremdsprachliche Unterricht Englisch 23, 19–24.

Beyer-Kessling, Viola. 2002. „Put it in writing. Kreatives Schreiben im Englischunterricht der Sekundarstufe I." Fremdsprachenunterricht 46, 334–339.

Blell, Gabriele; Karlheinz Hellwig (Hg.). 1996. Bildende Kunst und Musik im Fremdsprachenunterricht. Frankfurt am Main: Lang.

Bloom, Benjamin (Hg.). 1972. Taxonomie von Lernzielen im kognitiven Bereich. Weinheim: Beltz.

Bludau, Michael. 1998. „Übendes Schreiben im Englischunterricht der Sekundarstufe I." Fremdsprachenunterricht 51, 11–17.

Böttger, Heiner. 2004. „Zuhause Englisch lernen. Organisationsformen häuslichen Englischlernens." Lernchancen 41, 14–19.

Bohnen, Egbert. 1990. „Schülerzentrierte Kontrolle schriftlicher Hausaufgaben." Praxis des neusprachlichen Unterrichts 2, 193–195.

Bredella, Lothar; Werner Delanoy (Hg.). 1996. Challenges of literary texts in the foreign language classroom. Tübingen: Narr.

Bruner, Jerome. 1966. Toward a theory of instruction. New York: Horton.

Brusch, Wilfried. 1994. „Erziehung zum Lesen im Englischen durch Klassenbibliotheken." Praxis des Neusprachlichen Unterrichts 1, 17–26.

Brusch, Wilfried; Doris Heimer. 2000. „Extensives Lesen und kreatives Schreiben mithilfe der Bücherkiste." Englisch 2, 48–57.

Bygate, Martin. 1987. Speaking. Oxford: Oxford University Press.

Byrne, Donn. 1986. Teaching oral English. London: Longman.

Campione, J. C.; B. B. Armbruster. 1985. "Acquiring information from texts: An analysis of four approaches." In: Segal, J. W. u. a. (Hg.). Thinking and learning skills. Band 1. Hillsdale: Erlbaum, 317–359.

Caspari, Daniela. 1994. Kreativität im Umgang mit literarischen Texten im Fremdsprachenunterricht. Theoretische Studien und unterrichtspraktische Erfahrungen. Frankfurt am Main: Lang.

Caspari, Daniela. 1998. „Formen der Öffnung von Fremdsprachenunterricht – ein Gedankenaustausch." Fremdsprachenunterricht 51, 248–253.

Coady, James. 1993. "Research on ESL/EFL vocabulary acquisition: putting it in context." In: Huckin, Thomas u. a. (Hg.). Second language reading and vocabulary learning. Norwood: Ablex, 3–23.

Coelho, Elizabeth. 1992. "Jigsaw: integrating language and content." In: Kessler, Carolyn (Hg.). Cooperative language learning: a teacher's resource book. New York: Prentice Hall, 129–152.

Cognition & Emotion. O. J. Vanderbilt University: Psychology Press.

Cohen, Moshe; Margaret Riel. 1989. "The effect of distant audiences on students' writing." American Educational Research Journal 26/2, 143–159.

Cohen, P. A. u. a. 1982. "Educational outcomes of tutoring: a meta-analysis of findings." American Educational Research Journal 19, 237–248.

Collie, Joanne; Stephen Slater. 1987. Literature in the language classroom. Cambridge: Cambridge University Press.

Collins, John. 2001. Präsentieren – professionell und erfolgreich. Landsberg am Lech: mvg-verlag.

Copei, Friedrich. 1950. Der fruchtbare Moment im Bildungsprozess. Heidelberg: Quelle & Meyer.

Courtney, John. 1996. "… about completely free discussions in an EFL classroom." Modern English Teacher 4, 57–60.

Craik, F. I. M.; R. S. Lockhart. 1972. "Levels of processing: a framework for memory research." Journal of Verbal Thinking and Verbal Behavior 11, 671–684.

Cranmer, David; Clement Laroy. 1992. Musical openings. Using music in the language classroom. Harlow: Longman.

Curran, Charles. 1972. Counseling-Learning. A whole-person model for education. New York: Grune and Stratton.

Day, Richard; Julian Bamford. 1998. Extensive reading in the second language classroom. Cambridge: Cambridge University Press.

Decke-Cornill, Helene; Laraine MacDevitt. 2003. „„People say that life is the thing, but I prefer reading' – Anregungen zu einem lebendigen Literaturunterricht auf der gymnasialen Oberstufe." Der Fremdsprachliche Unterricht Englisch 66, 26–32.

Degott, Anette. 1995. „Kreatives Schreiben und produktive Erarbeitung literarischer Kurztexte." Neusprachliche Mitteilungen 48/3, 180–185.

Dehmel, Irene. 1998. „Literarische Texte in offenen Formen des Russischunterrichts." Fremdsprachenunterricht 4, 284.

Der Fremdsprachliche Unterricht Englisch (DFU). 2001. „Einstiege." Heft 52. Velber: Friedrich.

Der Fremdsprachliche Unterricht Englisch (DFU). 2005. „Präsentieren." Heft 76. Velber: Friedrich.

Der Fremdsprachliche Unterricht Englisch (DFU). 2008. „Sprachmittlung." Heft 93. Velber: Friedrich.

Deutsch, Morton. 1949. "A theory of cooperation and competition." Human Relations 2, 129–152.

Dörnyei, Zoltan; Tim Murphey. 2004. Group dynamics in the language classroom. Cambridge: Cambridge University Press.

Duff, Alan; Alan Maley. 1990. Literature. Oxford: Oxford University Press.

Dupuy, B.C. 1999. "Narrow listening: an alternative way to develop and enhance listening comprehension in students of French as a foreign language." System 3, 351–361.

East, Patricia. 1992. Deklaratives und prozedurales Wissen im Fremdsprachenerwerb. Eine empirische Untersuchung des Grammatikwissens von deutschen Lernern mit Englisch als Fremdsprache. München: tuduv.

Eco, Umberto. 1990. Lector in fabula. Die Mitarbeit der Interpretation in erzählenden Texten. München: Deutscher Taschenbuch Verlag.

Eigler, Gunther. 1985. „Textverarbeiten und Textproduzieren. Entwicklungstendenzen angewandter kognitiver Wissenschaft." Unterrichtswissenschaft 4, 301–318.

Eskey, David. 1986. "Theoretical foundations." In: Dubin, Fraida u.a. (Hg.). Teaching second language reading for academic purposes. Reading: Addison-Wesley, 3–23.

Esselborn, Karl; Bernd Wintermann. 1980. Auswerten und Schreiben. Auswertung von Schaubildern – Protokoll – Kommentar – Referat. Dortmund: Lambert Lensing.

Europarat (Hg.). 2001. Gemeinsamer Europäischer Referenzrahmen für Sprachen. München: Langenscheidt.

FÄHNRICH, BEATE. 1992. „Unheimlich gespenstisch – Klasse 5 schreibt Geschichten." Praxis des Neusprachlichen Unterrichts 1, 20–29.

FAUSER, PETER; MANFRED PRENZEL; MICHAEL SCHRATZ. 2007. Was für Schulen! Gute Schule in Deutschland. Der Deutsche Schulpreis. Seelze-Velber: Kallmeyer.

FEATHER, NORMAN (Hg.). 1982. Expectations and actions: expectancy-value models in psychology. Hillsdale: Erlbaum.

FEHSE, KLAUS-DIETER; MARITA SCHOCKER-VON DITFURTH. 1996. „Sinnvolle Aufgabenstellung im schülerorientierten Unterricht." Der Fremdsprachliche Unterricht Englisch 22, 19–24.

FISCHER, RÜDIGER; ROLAND GRAEF. 1994. „Vorwort". In: Graef, Roland; Rolf-Dieter Preller (Hg.). Lernen durch Lehren. Rimbach: Verlag im Wald, 7–11.

FÖLSCH, MIRJAM. 2002. „Ich öffne mich einem Buch, wie ich einem Freund begegne." Englisch 4, 131–145.

FRANK, CHRISTINE; MARIO RINVOLUCRI; MARGARET BERER. 1981. Challenge to think. Oxford: Oxford University Press.

FRANZ, JAN. 2004. „Mündliche Sprachkompetenz." Lernchancen 41, 22.

FREUDENSTEIN, REINHOLD. 1996. „Hausaufgaben? Ja, aber … Grundsätze für eine neue Sprachlernpraxis." Der Fremdsprachliche Unterricht Englisch 22, 10–13.

FROESE, WOLFGANG. 1999. „Kreatives Schreiben im Englischunterricht der Sekundarstufe I." Fremdsprachenunterricht 6, 424–429.

GAGE, NATHANIEL; DAVID BERLINER. 1996. Pädagogische Psychologie. Weinheim: Psychologie Verlags Union.

GEDICKE, MONIKA. 1994. "Reading by proxy: motivating students to read, speak and write." Der Fremdsprachliche Unterricht Englisch 15, 29–35.

GEDICKE, MONIKA. 2000. „Rollenspiele im Fremdsprachenunterricht – eine Möglichkeit zur Förderung realitätsbezogener Kommunikation?" Fremdsprachenunterricht 1, 22–28.

GEDICKE, MONIKA. 2003. „Diskussionen im Fremdsprachenunterricht: Eine Drei-Schüler-Show?" Fremdsprachenunterricht 1, 24–28.

GEISSLER, KARLHEINZ. 1993. Anfangssituationen. Weinheim: Beltz.

GENZLINGER, WERNER. 1980. Kreativität im Englischunterricht: Schöpferisches und spielerisches Lernen in der Sekundarstufe I. Bochum: Kamp.

GIENOW, WILFRIED. 1997. „Visualität im fremdsprachlichen Schreibprozess – Begründungen und Beispiele aus dem Englischunterricht." In: Kupetz, Rita (Hg.). Vom gelenkten zum freien Schreiben im Fremdsprachenunterricht: Freiräume sprachlichen Handelns. Frankfurt am Main: Lang, 85–98.

GOODMAN, MITCHELL. 1998. "Cooperative learning." The English Connection: The Newsletter of Korean Teachers of English to Speakers of Other Languages 2/3, 1, 6–7.

GRABE, WILLIAM; ROBERT KAPLAN. 1996. Theory and practice of writing. Harlow: Pearson Education.

GRABE, WILLIAM; FREDRICKA STOLLE. 2002. Teaching and researching reading. Harlow: Pearson Education.

GRAEF, ROLAND. 1990. „Lernen durch Lehren – Anfangsunterricht im Fach Französisch." Der Fremdsprachliche Unterricht Englisch 100, 10–13.

GRAEF, ROLAND; ROLF-DIETER PRELLER (Hg.). 1994. Lernen durch Lehren. Rimbach: Verlag im Wald.

GRESSMANN, LUDWIG. 1987. „Meine Erfahrungen mit ‚Classroom Language'." Englisch 4, 137–143.

GREVING, JOHANNES; LIANE PARADIES. 1996. Unterrichts-Einstiege. Ein Studien- und Praxisbuch. Berlin: Cornelsen.

GUDJONS, HERBERT (Hg.). 1993. Handbuch Gruppenunterricht. Weinheim: Beltz.

HADFIELD, JILL. 1992. Classroom dynamics. Oxford: Oxford University Press.

HARRI-AUGSTEIN, SHEILA; LAURIE THOMAS. 1991. Learning conversations: the self-organized way to personal and organizational growth. London: Routledge.

HARTMANN, MARTIN u. a. 1995. Präsentieren. Präsentationen: zielgerichtet und adressatenorientiert. Weinheim: Beltz.

HARTUNG, MANUEL u. a. 2004. „Das Superseminar." DIE ZEIT 01.04., 87.

HECKMANN, GUSTAV. 1981. Das sokratische Gespräch. Hannover: Schroedel.

HELLWIG, KARLHEINZ. 1991. „Nach- und Neugestaltung als sprachfördernde Kraft – Kreativitätsimpulse im Fremdsprachenunterricht." Neusprachliche Mitteilungen aus Wissenschaft und Praxis 44/3, 160–168.

HELLWIG, KARLHEINZ. 1995. Fremdsprachen an Grundschulen als Spielen und Lernen. Dargestellt am Beispiel Englisch. Ismaning: Hueber.

HERMES, LIESEL. 1984. „‚Fun-reading': Möglichkeiten und Anregungen." Praxis des Neusprachlichen Unterrichts 31, 115–123.

HERMES, LIESEL. 1994. „Kreatives Schreiben." Englisch 2, 97–98.

HESSE, MECHTHILD. 1998. „Das englische Jugendbuch und die Notwendigkeit zur Öffnung des Unterrichts." Fremdsprachenunterricht 4, 262–267.

HEUER, HELMUT; FRIEDERIKE KLIPPEL. 1987. Englischmethodik. Berlin: Cornelsen.

HIERHOLD, EMIL. 1990. Sicher präsentieren – wirksamer vortragen. Wien: Verlag Carl Ueberreuter.

HINDLE, TIM. 1998. Making presentations. London: Dorling Kindersley.

HINZ, KLAUS. 2002. „Für und Wider pre-reading activities im fremdsprachlichen Literaturunterricht." Praxis des neusprachlichen Unterrichts 4, 348–353.

HOLTWISCH, HERBERT. 1995. „Überlegungen und Anregungen zum kreativen Umgang mit Texten im Englischunterricht der Sekundarstufe I." Praxis des neusprachlichen Unterrichts 42/4, 364–370.

HOLTWISCH, HERBERT. 1999. „Kreative Textarbeit im Fremdsprachenunterricht und die Bewertung kreativ-orientierter Klassenarbeiten." Fremdsprachenunterricht 6, 417–424.

HOUSE, JULIANE. 1995. „Interaktion." In: Bausch, Karl-Richard; Herbert Christ; Hans-Jürgen Krumm (Hg.). Handbuch Fremdsprachenunterricht, Tübingen: Francke, 480–484.

HUBER, GÜNTER. 2001. „Kooperatives Lernen im Kontext der Lehr-/Lernformen." In: Finkbeiner, Claudia; Gerhard Schnaitmann (Hg.). Lehren und Lernen im Kontext empirischer Forschung und Fachdidaktik. Donauwörth: Auer, 222–245.

ISB. STAATSINSTITUT FÜR SCHULQUALITÄT UND BILDUNGSFORSCHUNG (Hg.). 2005. Time to Talk! Parlons! Parliano! Eine Handreichung zur Mündlichkeit im Unterricht der modernen Fremdsprachen. Berlin: Cornelsen.

ISER, WOLFGANG. 1994. Der Akt des Lesens. Theorie ästhetischer Wirkung. München: Fink.

JOHNSON, DAVID u. a. 1994. Cooperative learning in the classroom. Alexandria: Association for Supervision and Curriculum Development.

JONES, KEN KEITH. 1982. Simulations in language teaching. Cambridge: Cambridge University Press.

KAGAN, SPENCER. 1994. Cooperative learning. San Juan Capistrano: Kagan.

KAGAN, SPENCER; OLSEN, ROGER. 1992. "About cooperative learning." In: Kessler, Carolyn (Hg.). Cooperative language learning: a teacher's resource book. New York: Prentice Hall, 1–30.

KAHRMANN, BERND. 1982. „Zur Theorie und Methodik des Fragens im fremdsprachlichen Literaturunterricht." In: Hunfeld, Hans (Hg.). Literaturwissenschaft – Literaturdidaktik – Literaturunterricht: Englisch. Königstein: Scriptor, 121–140.

KARBE, URSULA. 1993. „Kreativität im Englischunterricht." Der fremdsprachliche Unterricht Englisch 10, 4–8.

KELCHNER, RUDOLF. 1995. „Lerner übernehmen die Gesprächsleitung." Französisch heute 1, 22–34.

KELLY, LOUIS. 1969. 25 centuries of language teaching. Rowley: Newbury House.

KESSLER, CAROLYN (Hg.). 1992. Cooperative language learning: a teacher's resource book. New York: Prentice Hall, 129–52.

KESSLING, VIOLA; LARAINE MACDEVITT. 1986. Put me in the picture. Didaktische Informationen. Berlin: Pädagogisches Zentrum.

KIEWEG, WERNER. 2000. „Zur Mündlichkeit im Englischunterricht." Der Fremdsprachliche Unterricht Englisch 34, 4–9.

KIEWEG, WERNER. 2003a. "Creative writing." Unterrichts-Materialien Englisch 748E-04, 3, 1–61.

KIEWEG, WERNER. 2003b. „Möglichkeiten zur Verbesserung der Hörverstehenskompetenz." Der Fremdsprachliche Unterricht Englisch 64/65, 23–27.

KLAFKI, WOLFGANG. 1964. „Didaktische Analyse als Kern der Unterrichtsvorbereitung." In: Roth, Heinrich; Alfred Blumenthal (Hg.). Didaktische Analyse. Grundlegende Aufsätze aus der Zeitschrift Die deutsche Schule. Hannover: Schroedel, 5–34.

KLIEBISCH, UDO; GREGOR RAUH. 1996. Keine Angst vor Referaten. Ein Lern- und Trainingsbuch. Weinheim: Verlag an der Ruhr.

KLIPPEL, FRIEDERIKE. 1984. Keep talking. Communicative fluency activities for language teaching. Cambridge: Cambridge University Press.

KLIPPEL, FRIEDERIKE. 2004. „Lust zum Sprechen im Englischunterricht." In: Müller-Hartmann, Andreas; Marita Schocker-von Ditfurth (Hg.). Aufgabenorientierung im Fremdsprachenunterricht. Task-based language learning and teaching. Tübingen: Narr, 173–185.

KLIPPERT, HEINZ. 1996. Kommunikationstraining. Übungsbausteine für den Unterricht. Weinheim: Beltz.

KLIPPERT, HEINZ. 1998. „Methodentraining im Unterricht. Eine Perspektive für Schülerinnen und Schüler wie Lehrerinnen und Lehrer." Pädagogische Nachrichten 2.

KMK. SEKRETARIAT DER STÄNDIGEN KONFERENZ DER KULTUSMINISTER DER LÄNDER IN DER BUNDESREPUBLIK DEUTSCHLAND (Hg.). 2004. Bildungsstandards für die erste Fremdsprache für den Mittleren Bildungsabschluss. München: Wolters Kluwer.

KNOBLOCH, JÖRG; MALTE DAHRENDORF. 1999. Offener Unterricht mit Kinder- und Jugendliteratur: Grundlagen, Praxisberichte, Materialien. Hohengehren: Schneider.

KRASHEN, STEPHEN. 1982. Principles and practice in second language acquisition. Oxford: Pergamon.

KRASHEN, STEPHEN. 1985. The input hypothesis: issues and implications. New York: Longman.

KRASHEN, STEPHEN. 1993. The power of reading: insights from the research. Englewood: Libraries Unlimited.

KRASHEN, STEPHEN. 1994. "The case for free voluntary reading." Praxis des Neusprachlichen Unterrichts 3, 237–243.

KRASHEN, STEPHEN. 1995. "The case for narrow listening." System 1, 97–100.

KRÖGER, SUSANNE. 1999. „Welcome to the Homework Restaurant: Differenzierende Hausaufgaben im Englischunterricht Sekundarstufe II." Neusprachliche Mitteilungen 4, 239–246.

KROHN, DIETER. 1996. „Keine Hausaufgaben für die Eltern! Selbstverantwortetes Englischlernen außerhalb des Englischunterrichts." Der Fremdsprachliche Unterricht Englisch 22, 31–33.

KROHN, DIETER. 1997. „Leistungsbewertung schriftlicher Texte zwischen Produkt- und Prozeßorientierung: Eine Problemskizze." In: Kupetz, Rita (Hg.). Vom gelenkten zum freien Schreiben im Fremdsprachenunterricht: Freiräume sprachlichen Handelns. Frankfurt am Main: Lang, 153–163.

KROTH, OLIVIA. 1996. „Kreatives Schreiben: *writing poetry*." Der Fremdsprachliche Unterricht Englisch 30, 25–37.

KRÜCK, BRIGITTE; KRISTIANE LOESER. 1997. „Effektive Rezeptionsstrategien durch Lesetagebücher." Fremdsprachenunterricht 1, 2–10.

KRÜSMANN, GABRIELE. 2004. „Word by word. Erfolgreiche Wortschatzarbeit für autonome Lerner." Lernchancen 41, 50–55.

KUGLER-EUERLE, GABRIELE. 2001. „Welcome to Moon Palace. Einstiegsphasen bei der Literaturbehandlung am Beispiel eines Romans von Paul Auster." Der Fremdsprachliche Unterricht Englisch 66, 35–41.

KUHLMANN, MARTIN. 1999. Last Minute Programm für Vortrag und Präsentation. Frankfurt am Main: Campus.

KUNZ, DETLEF. 1996. „Selbstständiges Lernen lernen durch Hausaufgaben." Der Fremdsprachliche Unterricht Englisch 22, 15–18.

KUPETZ, RITA (Hg.). 1997a. Vom gelenkten zum freien Schreiben im Fremdsprachenunterricht: Freiräume sprachlichen Handelns. Frankfurt am Main: Lang.

KUPETZ, RITA. 1997b. „Gelenktes und freies Schreiben im Englischunterricht. Individuelle und kollektive Freiräume sprachlichen Handelns schaffen." In: Kupetz, Rita (Hg.). Vom gelenkten zum freien Schreiben im Fremdsprachenunterricht: Freiräume sprachlichen Handelns. Frankfurt am Main: Lang, 17–35.

KURTZ, JÜRGEN. 1997a. „Improvisation als Übung zum freien Sprechen." Englisch 3, 87–97.

KURTZ, JÜRGEN. 1997b. „Auf dem Wege zum selbständigen Sprechhandeln im 5. Schuljahr: Die Improvisation *The chase*." Englisch 4, 121–127.

KURTZ, JÜRGEN. 1998. „Kooperatives Sprechhandeln im Englischunterricht: Die Improvisation *Once upon a time*". Englisch 2, 41–49.

KURTZ, JÜRGEN. 2001. Improvisierendes Sprechen im Fremdsprachenunterricht. Tübingen: Narr.

LAFORGE, PAUL. 1983. Counselling and culture in second language acquisition. Oxford: Oxford University Press.

LARSEN-FREEMAN, DIANE. 2000. Techniques and principles in language teaching. Oxford: Oxford University Press.

LASSMANN, ALEV. 1994. „Lesetagebücher (Reading logs) als offene Unterrichtsform in der Sekundarstufe I." Englisch 3, 81–86.

LEGUTKE, MICHAEL; ANDREAS MÜLLER-HARTMANN. 2001. „Vom Lerneinstieg zum prompt: die Arbeit mit dem Jugendroman *Torn Away*." Der Fremdsprachliche Unterricht Englisch 66, 25–29.

Lᴵɢʜᴛʙᴏᴡɴ, Pᴀᴛsʏ. 1992. "'Can they do it themselves?' A comprehension-based ESL course for young children." In: Glidden, J. I. u. a. (Hg.). Comprehension-based second language teaching. Ottawa: Ottawa University Press, 353–370.

Lᴵɢʜᴛʙᴏᴡɴ, Pᴀᴛsʏ; Nɪɴᴀ Sᴘᴀᴅᴀ. 1993. How languages are learned. Oxford: Oxford University Press.

LISUM. Lᴀɴᴅᴇsɪɴsᴛɪᴛᴜᴛ ꜰüʀ Sᴄʜᴜʟᴇ ᴜɴᴅ Mᴇᴅɪᴇɴ (Hg.). 2006. Handreichung zur Sprachmittlung in den modernen Fremdsprachen.

Lᴏɴɢ, M. H.; C. J. Sᴀᴛᴏ. 1983. "Classroom foreigner talk discourse; forms and functions of teachers' questions." In: Seliger, H. W.; M. H. Long (Hg.). Classroom oriented research in second language acquisition. Rowley: Newbury House, 268–286.

Lᴜᴅᴡɪɢ, Oᴛᴛᴏ. 1997. „Die Produkte im Prozess des Schreibens. Ein Beitrag zu ihrer Beurteilbarkeit." In: Kupetz, Rita (Hg.). Vom gelenkten zum freien Schreiben im Fremdsprachenunterricht: Freiräume sprachlichen Handelns. Frankfurt am Main: Lang, 143–151.

Lᴜᴍᴍᴇʟ, Mɪᴄʜᴀᴇʟ. 2000. „Sprechhandlungen im gymnasialen Englischunterricht." Englisch 2, 57–67.

Lᴜᴍᴍᴇʟ, Mɪᴄʜᴀᴇʟ. 2004. „Leseförderung (im Englischen): ein Plädoyer für das extensive Lesen bei verbindlichen Mindeststandards." Englisch 3, 103–106.

Mᴀᴄᴀʀᴏ, Eʀɴᴇsᴛᴏ. 1997. Target language, collaborative learning and autonomy. Clevendon: Multilingual Matters.

Mᴀʟᴇʏ, Aʟᴀɴ; Fʀᴀɴᴄᴏɪsᴇ Gʀᴇʟʟᴇᴛ. 1981. Mind matters. Cambridge: Cambridge University Press.

Mᴀʀᴛɪɴ, Jᴇᴀɴ-Pᴏʟ. 1983. Aktive Schüler lernen besser – Neue Wege im Französischunterricht. München: FWU. Best.-Nr. 4200349 (Video).

Mᴀʀᴛɪɴ, Jᴇᴀɴ-Pᴏʟ. 1984. Schüler organisieren ihren Unterricht selbst – Neue Wege im Französischunterricht. München: FWU. Best.Nr. 4200451 (Video).

Mᴀʀᴛɪɴ, Jᴇᴀɴ-Pᴏʟ. 1985a. Zum Aufbau didaktischer Teilkompetenzen beim Schüler. Tübingen: Narr.

Mᴀʀᴛɪɴ, Jᴇᴀɴ-Pᴏʟ. 1985b–1989. Didaktische Briefe I, II, III, IV.

Mᴀʀᴛɪɴ, Jᴇᴀɴ-Pᴏʟ. 1986. „Für eine Übernahme von Lehrfunktionen durch Schüler". Praxis des Neusprachlichen Unterrichts 33, 395–403.

Mᴀʀᴛɪɴ, Jᴇᴀɴ-Pᴏʟ. 1987a. Schüler zwischen formaler Sprache und freiem Ausdruck – Neue Wege im Französischunterricht. München: FWU. Best.-Nr. 4200745 (Video).

Mᴀʀᴛɪɴ, Jᴇᴀɴ-Pᴏʟ. 1987b. Paris-Torcy. Schüler erkunden die Villes Nouvelles. München: FWU. Best.-Nr. 4200701 (Video).

Mᴀʀᴛɪɴ, Jᴇᴀɴ-Pᴏʟ. 1987c. Zum Aufbau von Basiswissen in der 11. Klasse – Neue Wege im Französischunterricht. München: FWU (Kopie bei Martin erhältlich).

Martin, Jean-Pol. 1988. „Schüler in komplexen Lernumwelten. Vorschlag eines kognitionspsychologisch fundierten Curriculums für den Fremdsprachenunterricht." Praxis des Neusprachlichen Unterrichts 35, 294–302.

Martin, Jean-Pol. 1994a. Vorschlag eines anthropologisch begründeten Curriculums für den Fremdsprachenunterricht. Tübingen: Narr.

Martin, Jean-Pol. 1994b. „Zur Geschichte von ‚Lernen durch Lehren'." In: Graef, Roland; Rolf-Dieter Preller (Hg.). Lernen durch Lehren. Rimbach: Verlag im Wald, 12–18.

Martin, Jean-Pol; Rudolf Kelchner. 1998. „Lernen durch Lehren." In: Timm, Johannes-Peter (Hg.). Englisch lernen und lehren. Berlin: Cornelsen, 211–219.

Melde, Wilma. 2002. „Der Jugendroman in der Mittelstufe – interaktive und prozessorientierte Arbeit mit *Au bonheur des larmes* von Marie-Aude Murail." In: Melde, Wilma; Volker Raddatz (Hg.). Innovationen im Fremdsprachenunterricht, I: Offene Formen und Frühbeginn. Frankfurt am Main: Lang, 37–46.

Mendez, Carmen. 2003. „Art – reading pictures, visualising words, feeling texts." Der Fremdsprachliche Unterricht Englisch 66, 34–40.

Mendez, Carmen. 2010. „Frontal (nur!) im Kreis." Praxis Fremdsprachenunterricht 1, 10–14.

Meyer, Michael. 1997. „Schüler als Regisseure und Lehrer von *A Midsummer Night's Dream*." Praxis des Neusprachlichen Unterrichts 2, 126–134.

Meyer-Willner, Gerhard. 1996. „Gruppenunterricht – Wider die Vereinzelung des Lernprozesses." In: Seyfarth-Stubenrauch, Michael; Ehrenhard Skiera (Hg.). Band 1, 140–148.

Mosner, Bärbel. 1997. „Das literarische Leser-Lerner-Tagebuch. Ein Lernverfahren für den handlungsorientierten Englischunterricht." Praxis des Neusprachlichen Unterrichts 2, 154–164.

Mühlhausen, Ulf. 1994. Überraschungen im Unterricht. Situative Unterrichtsplanung. Weinheim: Beltz.

Mühlhausen, Ulf. 1999. „Das Schreckgespenst vom misslungenen Unterrichtsbeginn." Pädagogik 3, 20–23.

Mulla, Ursula. 2003. „Classroom management. Wege zu selbstverantwortlichem Lernen in der Unter- und Mittelstufe." Close Up, 14–15.

Nadzeika-Humbaraci, Dorothea. 2000. „Teamarbeit gefragt – Mitarbeit erwünscht." Der Fremdsprachliche Unterricht Englisch 44, 11–16.

Nissen, Peter. 1993. „Vom gelenkten zum kreativen Schreiben. Freiarbeit in den Klassen 7 und 8." Der Fremdsprachliche Unterricht Englisch 10, 16–20.

Nolasco, Rob; Lois Arthur. 1987. Conversation. Cambridge: Cambridge University Press.

Nowosadko, G. P. 1973. „Vom zirzensischen Charakter der sogenannten Lehrproben." betrifft: erziehung 1, 37–40.

NÜNNING, ANSGAR. 1998. „Von Teaching Drama zu Teaching Plays." Der Fremdsprachliche Unterricht Englisch 31, 4–13.

NÜRNBERGER PROJEKTGRUPPE. 2003. Erfolgreicher Gruppenunterricht. Praktische Anregungen für den Schulalltag. Stuttgart: Klett.

NUTTALL, CHRISTINE. 1982. Teaching reading skills in a foreign language. Oxford: Heinemann.

PAUELS, WOLFGANG. 1995a. „Hausaufgaben." In: Bausch, Karl-Richard; Herbert Christ; Hans-Jürgen Krumm (Hg.). Handbuch Fremdsprachenunterricht. Tübingen: Francke, 258–260.

PAUELS, WOLFGANG. 1995b. „Hausaufgaben im prozessorientierten Fremdsprachenunterricht." Praxis des Neusprachlichen Unterrichts 3, 233–239.

PAUELS, WOLFGANG. 1996. „Veränderte Funktionen von (Haus-)Aufgaben in einem veränderten Englischunterricht." Der Fremdsprachliche Unterricht Englisch 22, 4–9.

PAUELS, WOLFGANG. 2001. „Hausaufgaben als Lerneinstieg." Der Fremdsprachliche Unterricht Englisch 66, 11–13.

PEYTON; JOY; LESLEY REED. 1990. Dialogue journal writing and non-native English speakers: a handbook for teachers. Alexandria: TESOL.

PIAGET, JEAN. 1980. Experiments in contradiction, Chicago: University of Chicago Press.

PRAXIS FREMDSPRACHENUNTERRICHT (PFU). 2008. „Sprachmitteln." Heft 5.

PROCTOR, STEVEN. 2003. "Closures." Modern English Teacher 1, 30–37.

PRODROMOU, LUKE. 1992. Mixed ability classes. London: Macmillan.

RAMPILLON, UTE. 2003. „Lernerstrategien beim Hören und Verarbeiten englischer Texte." Der Fremdsprachliche Unterricht Englisch 64/65, 46–50.

RAU, ALBERT. 1999. "Short texts in action – more than action in the classroom!" Der Fremdsprachliche Unterricht Englisch 42, 4–9.

RAUE, HELMUT. 1980. „Die offene Phase im Fremdsprachenunterricht." Praxis des Neusprachlichen Unterrichts 2, 115–122.

REISCHMANN, JOST. 1991. Leichter lernen – leicht gemacht. Arbeitstechniken für Schule und Studium, Fortbildung und Examensvorbereitung. Bad Heilbrunn: Klinkhardt.

REISENER, HELMUT. 1994. „Vom Umgang mit Texten." Der Fremdsprachliche Unterricht Englisch 15, 4–13.

RICHARDS, JACK; THEODORE RODGERS. 1986 (1. Aufl.). Approaches and methods in language teaching. Cambridge: Cambridge University Press.

RICHARDS, JACK; THEODORE RODGERS. 2001 (2. Aufl.). Approaches and methods in language teaching. Cambridge: Cambridge University Press.

RÖLLICH-FABER, URSULA. 2001. „A little bit of life: Unterrichtseinstiege ins *creative writing*." Der Fremdsprachliche Unterricht Englisch 66, 14–20.

SCHALLHORN, KAROLA; ALEXANDRA PESCHEL. 2004. Method guide. Kreative Methoden für den Englischunterricht in der Oberstufe. Paderborn: Schöningh.

SCHARDT, FRIEDEL; BETTINA SCHARDT. 1999. Referate und Facharbeiten: effektive Arbeitstechniken für die Oberstufe. Freising: Stark.

SCHLINKMANN, DIETER. 1995. „Offener Englischunterricht in der Jahrgangsstufe 10." Praxis des Neusprachlichen Unterrichts 1, 24–32.

SCHMENK, BARBARA. 1999. „Press coverage of King Lear's abdication." Der Fremdsprachliche Unterricht Englisch 40, 39–43.

SCHRÄDER-NAEF, REGULA. 1994. Rationeller Lernen lernen. Ratschläge und Übungen für alle Wissbegierigen. Weinheim: Beltz.

SCHULZ, WOLFGANG. 1965. „Unterricht – Analyse und Planung." In: Heimann, Paul; Gunther Otto; Wolfgang Schulz (Hg.). Unterricht – Analyse und Planung. Hannover: Schroedel, 13–47.

SCHUNKE, JANE. 2002. „Schulung des Leseverstehens anhand Goldings *Lord of the Flies*." Der Fremdsprachliche Unterricht Englisch 57/58, 48–51.

SCHWERDTFEGER, INGE. 2001. Gruppenarbeit und innere Differenzierung. Berlin: Langenscheidt.

SEIFERT, JOSEF. 1995. Visualisieren – Präsentieren – Moderieren. Bremen: Gabal Verlag.

SLAVIN, ROBERT. 1995. Cooperative learning. Boston: Allyn and Bacon.

SOLMECKE, GERT. 2001. „Lerneinstiege im Englischunterricht." Der Fremdsprachliche Unterricht Englisch 52, 4–9.

STENZEL, KLAUS. 1990. „Die Klassenbibliothek als ein Modell für das extensive Lesen." Praxis des Neusprachlichen Unterrichts 4, 361–364.

TAUBENBÖCK, ANDREA. 2004. „'If it ain't a pleasure, it ain't a poem': Lyrik – eine Gattung, die begeistern kann." Der Fremdsprachliche Unterricht Englisch 67, 4–9.

TEICHMANN, VIRGINIA. 1998. „Kreatives Schreiben." In: Timm, Johannes-Peter (Hg.). Englisch lernen und lehren. Berlin: Cornelsen, 250–257.

THALER, ENGELBERT. 2004. „'I quote others only in order the better to express myself' – Aphorismen als Lernzünder." Der Fremdsprachliche Unterricht Englisch 67, 36–41.

THALER, ENGELBERT. 2005. „The Bard goes cartoon. Die Verwendung von Shakespeare-Comics." Der Fremdsprachliche Unterricht Englisch 73, 37–43.

THALER, ENGELBERT. 2008. Teaching English Literature. Paderborn: UTB.

THALER, ENGELBERT. 2009. Method Guide: Kreativer Literaturunterricht. Paderborn: Schöningh.

THALER, ENGELBERT. 2010a. Lernerfolg durch Balanced Teaching. Berlin: Cornelsen.

THALER, ENGELBERT (Hg.). 2010b. Summit. Englischlehrbuch für die Oberstufe. Paderborn: Schöningh.

THOMAS, UWE. 1987. Alternative Fremdsprachenvermittlungsmethoden. Eine Untersuchung ihrer Möglichkeiten und Grenzen. Berlin: Express.

TUDOR, IAN. 1996. Learner-centredness as language education. Cambridge: Cambridge University Press.

Uhlenbrock, Karlheinz. 2001. Fit fürs Abi. Referate/Facharbeit. Hannover: Schroedel.

Ur, Penny. 1982. Discussions that work. Task-centred fluency practice. Cambridge: Cambridge University Press.

Ur, Penny; Andrew Wright. 1992. Five-minute activities. Cambridge: Cambridge University Press.

Vollmer, Helmut. 1998. „Sprechen und Gesprächsführung." In: Timm, Johannes-Peter (Hg.). Englisch lernen und lehren. Berlin: Cornelsen, 237–249.

Wagenschein, Martin. 1968. Verstehen lernen. Weinheim: Beltz.

Webster, Megan; Libby Castanon. 1980. Crosstalk. Oxford: Oxford University Press.

Weinert, Franz. 1991. „Kreativität – Fakten und Mythen." Psychologie heute 9, 30–37.

Wicke, Rainer. 1996. „Musik und Kunst im schülerzentrierten und handlungsorientierten Fremdsprachenunterricht." In: Blell, Gabriele; Karlheinz Hellwig (Hg.). Bildende Kunst und Musik im Fremdsprachenunterricht. Frankfurt am Main: Lang, 115–126.

Wilkening, Monika. 2000. „Offene pre- und after-reading activities für Shortstorys." Praxis des Neusprachlichen Unterrichts 1, 45–53.

Will, Hermann. 1994. Vortrag und Präsentation. Weinheim: Beltz.

Wittrock, Merlin. 1974. "Learning as a generative process." Educational Psychologist 11, 87–95.

Wolff, Dieter. 1997. „Instruktivismus vs. Konstruktivismus: Zwanzig Thesen zur Lernbarkeit und Lehrbarkeit von Sprachen." In: Müller-Verweyen, Michael (Hg.). Neues Lernen – Selbstgesteuert – Autonom. München: Goethe-Institut, 45–52.

Woo, Linda; Tim Murphey. 1999. "Activating metacognition with action logs." The Language Teacher 23/5, 15–18.

Woodward, Tessa. 2001. Planning lessons and courses. Cambridge: Cambridge University Press.

Wright, Andrew. 1995. Storytelling with children. Oxford: Oxford University Press.

Wright, Andrew; Michael Buckby; Michael Betteridge. 1979. Games for language learning. Cambridge: Cambridge University Press.

Wygotski, Lev. 1978. Mind in society: the development of higher psychological processes. Boston: Harvard University Press.

Webliografie

http://www.englisch.schule.de/#Präsentieren
http://www.lehrer-online.de/283427.php
http://www.lo-net.de
http://www.mpib-berlin.mpg.de/pisa
http://www.stangl-taller.at/ARBEITSBLAETTER/PRAESENTATION → Die Verständlichkeit von Texten

Register

Die Schule
zukunftsfähig machen

Liane Paradies/
Johannes Greving

Unterrichts-Einstiege
(8., überarbeitete Auflage)
208 Seiten,
mit Abb., Paperback
ISBN 978-3-589-23157-7

Andrea Krucinski

Soziales Lernen im Unterricht
160 Seiten,
mit Abb., Paperback
ISBN 978-3-589-23166-9

Kerstin Tschekan

Kompetenzorientiert unterrichten
160 Seiten,
mit Abb., Paperback
ISBN 978-3-589-23215-4

Informieren Sie sich unter der Nummer 0180 - 121 20 20 (3,9 ct/min. aus dem Festnetz der Dt. Telekom)
oder in unserem Onlineshop: www.cornelsen-shop.de

Willkommen in der Welt des Lernens

Die Schule zukunftsfähig machen

Günther Hoegg

Wie Schüler denken

ca. 176 Seiten,
mit Abb., Paperback
ISBN 978-3-589-23289-5

Helmolt Rademacher/ Marion Altenburg-van Dieken (Hrsg.)

Konzepte für Gewalt-prävention in Schulen

ca. 160 Seiten,
mit Abb., Paperback
ISBN 978-3-589-23291-8

Liane Paradies/ Hans Jürgen Linser/ Johannes Greving

Diagnostizieren, Fordern und Fördern

4., überarbeitete Auflage
ca. 208 Seiten,
mit Abb., Paperback
ISBN 978-3-589-23168-3

Informieren Sie sich unter der Nummer 0180 - 121 20 20 (3,9 ct/min. aus dem Festnetz der Dt. Telekom)
oder in unserem Onlineshop: www.cornelsen-shop.de

Willkommen in der Welt des Lernens